其实我也会管钱

24节小学生财富管理课

陈玲 ◆ 著　涂画小白 ◆ 绘

中国轻工业出版社

图书在版编目（CIP）数据

其实我也会管钱 / 陈玲著；涂画小白绘. — 北京：中国轻工业出版社，2025.9. — ISBN 978-7-5184-5038-1

Ⅰ. F0-49

中国国家版本馆CIP数据核字第2024FV5254号

责任编辑：李　锋　巴丽华　　责任终审：高惠京　　设计制作：锋尚设计
策划编辑：翟　燕　李　锋　　责任校对：朱燕春　　责任监印：张京华

出版发行：中国轻工业出版社（北京鲁谷东街5号，邮编：100040）
印　　刷：艺堂印刷（天津）有限公司
经　　销：各地新华书店
版　　次：2025年9月第1版第4次印刷
开　　本：880×1230　1/32　印张：4.5
字　　数：150千字
书　　号：ISBN 978-7-5184-5038-1　定价：36.00元
邮购电话：010-85119873
发行电话：010-85119832　010-85119912
网　　址：http://www.chlip.com.cn
Email：club@chlip.com.cn
版权所有　侵权必究
如发现图书残缺请与我社邮购联系调换
251620E3C104ZBW

让经济学思维融入你的生活

经济学大师萨缪尔森曾说过:"在人的一生中,你永远都无法回避经济学。"而一个人早期的行为习惯、思考问题的方式对一生都有深远的影响。

我在博士毕业以后萌生了给小读者写写经济学科普读物的想法,那时候我的孩子正在上小学三年级,通过他,我发现儿童很早就参与到经济生活中来了。比如说,他们会在放学后去小卖部里买东西,遇到喜欢的玩具不会考虑价格,只想赶紧买回家。手机支付的普及,让钱变成抽象的数字,一不留神小孩就会在游戏中充值付费,家长为此伤透脑筋。这些现象让我对如何创作这本书有了更为清晰的思路。

本书围绕钱多多一家人的生活展开,他们是千万普通家庭中的一分子,每天的生活也和大多数家庭类似,充满喜怒哀乐。钱爸爸发了一笔奖金,他开心地回到家里,每个人都说出了自己想买的东西,大家的"愿望清单"能实现吗?妈妈出门买菜,用手机扫一下二维码,就可以完成支付,那么钱消失了吗?钱多多的同学刘小好穿了一双很贵的篮球鞋,让大家羡慕不已,如果你是钱多多,会让爸爸妈妈也买一双吗？

　　这本书可回答上述这些生活中的常见问题。书中出现的漫画场景会让你有似曾相识之感，它使用"插图+文字"的方式，将生活里的场景还原再现。在生活中看似平常的那些事儿，都可以用经济学理论来解释。每篇文章都会讲解一些经济学的概念或理论，用"小贴士"的形式贴心地把专业教材中出现的经济名词加以说明。在阅读本书时，你会不知不觉了解"机会成本""均衡价格""消费者剩余"等经济学术语。

　　在讲述经济学知识的同时，本书内容还与相关成语进行联系，比如"开源节流""量入为出""讨价还价"等，在阅读中你能体会到成语的魅力。在每篇文章的末尾，我们都提出一个问题，希望你能结合自己的生活进行思考。在每一章的最后，我们还精心准备了一页视觉笔记，可以帮助你梳理整章的知识要点。

　　这本书读起来轻松有趣，让你换个角度来看待生活中许多司空见惯的事，在无形中体会经济学的思维方式，潜移默化地将经济学融入生活中去。

陈玲

2024年6月

目录

PART 1 生活离不开钱

总爱说"不"的妈妈　稀缺性/10

吃水饺,还是牛肉面?　机会成本/17

为什么买东西要付钱?　货币的功能/23

为什么它们是免费的?　公共物品和私人物品/27

钱跳进了手机里　数字支付/34

钱会生钱吗?　利息/39

　　视觉笔记:生活离不开钱/43

PART 2 让人眼花缭乱的市场

为什么馒头很难卖出高价?　市场结构/46

为什么妈妈一次买这么多牛奶?　需求/50

谁来生产牛奶?　供给/54

为什么牛奶一会儿涨价,一会儿降价?　均衡价格/59

市场价格总是合理的吗?　支持价格和限制价格/64

"看不见的手"在指挥这一切　价格/69

　　视觉笔记:市场是如何运转的?/73

PART 3 我买的东西值这个价吗?

鸡蛋可以换自行车吗? 使用价值和价值/76

贵的东西一定好吗? 价格和价值/80

为什么你知道,我却不知道? 信息不对称/85

同样的东西,为什么价格不一样? 价格歧视/90

胖叔叔的雪糕涨价了,他赚到钱了吗? 需求价格弹性/95

雪糕涨价了,那吃炒酸奶吧! 替代品和互补品/99

视觉笔记:价格和价值/103

PART 4 为什么想买的东西这么多?

买东西会让人快乐吗? 效用/106

为什么第一颗糖比最后一颗好吃? 边际效用递减/112

需要的,还是想要的? 炫耀性商品/118

感觉不买就吃亏啦! 消费者剩余/122

为什么总买不到想要的那张神兽卡? 饥饿营销/128

幸福可以买来吗? 快乐水车/133

视觉笔记:理性消费/138

人物介绍

总爱说"不"的妈妈

稀缺性

> 傍晚,钱爸爸哼着歌从外面回来,他给全家人带来了一个好消息——发奖金了!
> 这次的奖金有5000元,大家都很高兴,纷纷说出自己想要的东西。

> 全家人你一言我一语畅聊着,都十分高兴,爸爸坐在一旁幽幽地说道:"你们想要的东西都买?!钱不够啊!"

想想看：每个人都能想要什么就买什么吗？

当然不能！

每个人都有自己想要的东西。现在你放下书，去问问家里的大人们，估计他们都能说出不少想要的东西，不过他们心里也一定明白，不能想要什么就买什么。

"唉！其实我想要的东西也没有那么多，家里好像也不是拿不出来，咋就不能全都满足我呢？说好的家庭真爱呢？"钱多多想这个问题也不是一两次了。

好吧，我们不妨来计算一下钱多多一家人的"愿望清单"。

糟糕！5000元的奖金不够啦……真的没办法实现每个人的愿望！

愿望清单
篮球鞋：	200元
帐篷：	220元
65英寸的电视：	3000元
洗碗机：	4300元
+钓鱼竿：	300元

=8020元

为什么生活里会经常面临这样令人头疼的问题？

钱爸爸发的奖金只有5000元，没办法满足每个家庭成员的愿望，可以说"钱"就是家里的稀缺物品。这时你可能会说，从爸爸妈妈每月工资里再拿出一些钱来，不就可以实现每个人的愿望啦！

事实上，这是个美好的愿望，却很难被实现。

想想你每次要买什么东西时，妈妈是全都答应，还是经常拒绝？你是不是也有个总爱说"不"的妈妈？

快要开学了,钱多多拉着妈妈来商场买文具。在这里,他碰见他的同学刘小好和美美,原来,他们也是来买东西的。

为什么不同的妈妈,都说着同样的"不"?为什么妈妈有时候很大方,有时候又那么小气?为什么家长总是不给你买那些让你心动的东西?

其实,妈妈可能比你还想买!买!买!如果妈妈把想要的东西全部买回家,那你想要的东西还有钱买吗?如果妈妈把钱都花光了,那你还有买东西的钱吗?

我们的生活离不开钱,一日三餐、日常出行……都需要花钱。钱可以买到很多东西,用途非常多。有时候你想要的东西,妈妈很快会买给你,有时候妈妈会有些犹豫,有时候会果断拒绝。这到底是为什么呢?

答案是资源的**稀缺性**。

因为家里的钱是有限的,家长们既要考虑一家人的柴米油盐,维护日常基本开支,又要想方设法丰富家庭生活,让家人开开心心的。换句话说,其实是大家"想要的东西"在相互竞争。

如果把家里的存款比作一个蓄水池,这个"蓄水池"需要给很多杯子供水,吃饭一杯,穿衣一杯,还有学费、旅行……一杯一杯地接出来,在没有外来的水(比如下一个月的工资、奖金等)蓄进来时,池里的水会越来越少。当水少到一定程度时,就会连吃饭、穿衣都无法保证,家长们自然会把那些不太重要的购买需求先排除在外。

成语里的经济学
凤毛麟角
释义: 比喻珍贵而稀少的人或事物。

小贴士
稀缺性: 指社会资源的有限性。

家庭开支的先后排序……

一般来说，每个家庭都会有一个主要负责日常开支的人，也就是"管账的人"。钱多多家里是由妈妈来管账，她会有个当月开销的大致规划。如果这个月家里的"蓄水池"水位比较低的话，妈妈对你说"不"的可能性会很大。

你会发现，在一定的时间里，大多数工薪家庭每月"蓄水池"里的水，总量大致相当，接一杯就会少一杯；买了这个，就不能买那个。而"想买什么就买什么"可以说是人的欲望。

> **成语里的经济学**
>
> **欲壑难填**
> **释义：**
> 壑：山谷。欲望像山谷一样难以填满。形容过于贪心，很难满足。
>
> **贪得无厌**
> **释义：** 对某种事物的欲望总不满足。

绝大多数的人总在拥有一件物品后，就会出现下一件想拥有的东西。比如《渔夫和金鱼》的故事里，老太婆一开始想要木盆，得到木盆后又想要一座木房，得到木房后还想要做世袭贵妇人，成为世袭贵妇人后则想要做自由自在的女皇，成为女皇后竟然想做海上女霸王，让金鱼随时侍候她。如果用有限的资源去满足无穷无尽的欲望，当然会有"力不从心"的感觉。

> **小贴士**
>
> **欲望：** 是想得到某种东西或想达到某种目的的要求。它从低到高，永无止境。

"蓄水池"的水总是有限的，如果你是"管账的人"，会优先考虑购买哪些东西呢？

你会花钱吗?

花钱!这还不简单?谁不会呢?

如果你现在拿着100元走进一家商场,在这里你可以吃饭、看电影、抓娃娃、买零食、买衣服、买玩具……这里什么都有,真好!你可以开始花钱喽!

那你会怎么花这些钱呢?你可能会奔向喜欢的玩具区,可以把钱都用来买玩具吗?如果全都买玩具,一会儿饿了可怎么办?

所以在花钱之前,你要思考一下如何花这100元钱?

你会优先考虑什么呢?还是想都不想,先买最喜欢的东西?还是先思考一下,手里的钱要怎么花。你可以先从一天的金钱规划开始学着花钱。

如果要在商场里待上大半天甚至更长的时间,是不是要先考虑不能让自己饿肚子?留出吃饭的钱后,再考虑其他事项。

如果把这一天放大30倍,差不多就是一个月,一个月再放大12倍就是一年。在这一年的规划中,吃、穿是不是最应该被优先考虑的事项?

如果每天都吃不饱穿不暖,哪有心思去做别的事情?你在花钱的时候,要在心里做出排序,将最重要的东西排在最前面,然后再排其他的东西。也就是说,你可以把所有想要的东西,按重要性先在心里面排个序,然后再依次满足。

吃完饭,去买文具,到理发店剪头发……哎呀!我喜欢的玩具小恐龙,没钱买了,真伤心……那你可以考虑留下一点点钱,攒起来,每天都留下这么一点点,慢慢的,你就可以存够买小恐龙的钱了。

成语里的经济学

积少成多

释义:一点一滴不断积累,由少变多。

吃水饺,还是牛肉面?

机会成本

钱爸爸想环游世界,可是工作怎么办呢?

钱多多总想,为啥一天只有24小时,想好好学习,又想快乐玩耍,时间好像不太够。

钱贝贝既想吃棒棒糖,又想吃冰激凌,还想吃薯片……她真想把超市搬回家!

既然资源是稀缺的,那我们该如何做出选择呢?

你是不是也有很多想要的?它们也许是有形的东西,比如玩具、衣服、书籍;也许是无形的,比如父母的陪伴,和好朋友疯玩的时间,自己发呆独处的机会……这些往往不能兼而有之。

想要的东西和现有的资源之间总是关系紧张,时不时地在我们心里打上一架!

成语里的经济学

兼而有之

释义: 几种情况、几方面特点同时具有。

这时候，经济学就能派上用场了，它能帮你做出理性的分析和决定！啥？别夸张了，经济学还能干这个呢？别着急，你接着往下看。

比如放学了，是骑自行车，还是坐公交车回家？晚上吃鱼，还是吃牛肉？买漫画书，还是买盲盒？一块土地是种小麦，还是种土豆？

这些看似平常的问题背后，其实都是人们在考虑如何分配资源。经济学是关于稀缺资源的科学，乍一听好像有点玄乎。细细想来，人们一生都在面临如何分配有限资源、如何做选择的问题。比如骑自行车很方便，不会堵车还锻炼身体，但是骑车回家会比较累，刮风下雨时特别不方便；公交车更快更省力，但你需要花钱买车票，还要花时间等车，从车站到家还要走很久……

到底选哪个更好？其实世上很难找到十全十美的事，正如我们每个人都有各自的特点，且都不太完美。

> **成语里的经济学**
> 十全十美
> **释义**：各个方面都很完美，毫无欠缺。

你可能每天都在做多个选择，只是很多时候你都没意识到。

那经济学家会如何做选择呢？也许他的回答是：

看成本！

中午，你和妈妈一起去饺子馆吃饭，你点了爱吃的三鲜虾仁水饺，一份25元。我们先来看一下一盘水饺是如何诞生的。

我们粗略计算一盘饺子背后需要的主要成本：面粉+蔬菜+鸡蛋+虾仁+人员工资+水电燃气费+房租。

包饺子的食材需要花钱买回来，包成水饺端上桌还需为此

把面粉倒入盆中,加适量的水,和成面团,接着开始准备韭菜、鸡蛋和虾仁。洗干净的韭菜、虾仁切好,用油锅炒好鸡蛋,切碎。将3种材料加盐调成饺子馅,再把面团做剂擀成一张一张的饺子皮,一个一个地包成饺子。锅里加水烧开后,放入饺子,煮熟装盘。一盘饺子就诞生了!

支付员工的工资,还有房租、水电费等,这些都是我们肉眼可见的成本,也可以说是饺子的直接成本。

但是,这些可不是经济学家眼中的成本!它们可以说是一盘饺子背后需要的花费,而经济学家眼里的成本并非只有这些直接成本,对于他们来说,在做选择时,更在意的是**机会成本**。

> 🚩 **小贴士**
> **机会成本**:为了得到某种东西所必须放弃的另一种东西。

什么是机会成本呢?

比如你正在考虑吃什么晚餐,是吃牛肉面、卤肉饭、鸭腿米线,还是肉包子,或者再吃一顿水饺……因为我们的胃容量有限,不可能一顿饭把这些都吃进去,那晚上到底吃点啥呢?

中午已经吃过水饺了,晚上想吃点别的,那水饺排在最后,你考虑一番做出排序:卤肉饭 > 牛肉面 > 鸭腿米线 > 肉包子 > 水饺。好嘞,那晚餐就吃卤肉饭吧。如果你选择吃卤肉饭,胃会被香喷喷的卤肉饭填满,那就不能吃牛肉面、鸭腿米线了,你也就无法享受到吃牛肉面、鸭腿米线等给你带来的快乐,你放弃的那部分快乐,就是选择吃卤肉饭所付出的机会成本。

资源的稀缺性让人们不得不做出选择,当你选择一样东西的时候,往往要放弃另一样东西。比如你想买一个铅笔盒,你选了奥特曼款的,妈妈通常不会再给你买米老鼠款的了,即使你两个都挺喜欢的,妈妈也会替你"忍痛割爱"。

可以说,人们的每次选择都会产生机会成本,因为资源的用途一旦决定,它就不能再用到其他地方了。比如老师在台上讲课,这是台下每个同学都能拥有的学习资源。你有两个选择:选择偷玩飞机模型,或者选择认真听讲。玩模型的确会让你立刻得到快乐,然而每堂课认真听讲,积累知识,也许有一天你有机会去开真正的飞机。选择即时快乐,还是把目光放长远,实现更远大的目标?有句老话叫"鱼和熊掌不可兼得",你总要做出取舍。

所以在做选择时,特别是难以取舍的时候,不仅要看到那些表面的直接成本,还要想到背后潜在的机会成本。

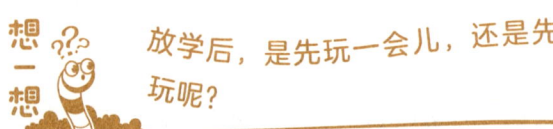

放学后,是先玩一会儿,还是先把作业写完再玩呢?

像经济学家一样思考

我长大了做什么呢?

想一想,你自己做选择时是不是想得很简单……只考虑喜欢还是不喜欢呗!爸爸妈妈会不会给我买?我自己的零用钱够不够?

你这样想也没错!很多时候,一块巧克力、一支雪糕的确不需要我们深思熟虑,因为生活中每天面临很多选择,如果每一件事都要左一个直接成本,右一个机会成本地想,那也太累了。生活不需要这么教条!

但是,在人生的不同阶段还有很多比较重要的事情,有些事情甚至关乎你大半生的喜乐,那就建议你用经济学家的思维来慎重考虑吧。

比如,你有想过长大后要做什么吗?

好像这个工作也行,那个工作也不错,有点说不清!怎么选择好呢?

有一个比较靠谱的建议是:**找到你所喜欢的事,然后找到愿意雇你来做这件事的人**。这样,你将来才更容易从工作中获得幸福。

工作会占据一个人生命中的大部分时间,如果你不喜欢你的工作,那样会很痛苦,选择什么工作呢?

你可以先问自己喜欢做什么。比如说，你喜欢画画，那你从画画本身已经得到了快乐，现在有人来请你画画，还付钱给你，这是多好的一件事！当你找到了喜欢做的事，那就去找愿意付钱让你做这件事的人！如果这两方面都有望实现，那么，就可以决定你长大以后要做什么了。

为什么买东西要付钱?

货币的功能

> 钱多多早上想吃油条,可是兜里没钱,他问爸爸:"我没钱,能得到油条吗?"
> 爸爸笑着答道:"客观来说,是不太可能的,不过,很早很早以前,人们是以物换物的,要不你去试试?"

(5)钱多多把板凳换成茶叶,然后把茶叶换成书包,再把书包换成面粉,最后终于用面粉换到了几根油条!

钱多多睁开眼睛,原来刚才是做了个梦,"得亏是个梦,不然,想吃点东西,得这么换来换去,太不可思议了!"钱多多觉得自己是做了个噩梦。

其实很久很久以前,人们确实是以物换物的,但这非常不方便。首先,你能提供的东西,对方不一定需要,你得花费时间去找愿意跟你交换这件东西的人。其次,在交换时价值也很难匹配,比如面粉的价格是5个币,拿它换小书包,小书包不值这么多币!拿它换大书包,卖书包的老板又觉得吃亏,因为大书包价格高于5个币。因而,你不仅要找到愿意换这件物品的人,还要两样物品等价,那货主才愿意交换,要同时满足这两条可不容易。

> **成语里的经济学**
>
> **互通有无**
> **释义:** 指商品交换或互相支援,调剂余缺。

5根油条5个币　　1.5千克面粉5个币　　1个小书包4个币　　1个大书包9个币

物物交换的复杂过程令人疲惫不堪,人们开始寻找解决办法,比如用贝壳去交换需要的东西,贝壳就成了货币。在我国的夏商时期,人们就用贝币来完成交易。所以,你会发现,和钱有关的很多字都有"贝"字旁,比如财、购、账、货、费等。可是贝壳不容易切割,如果我要买一根缝衣针,那我如何从贝壳上切下来一小块给售卖者呢?这难度也太大啦!所以交换物品的重任渐渐落到了"金银"身上，它们是非常稀有的贵金属，长久存放也不会腐烂，还可以切成小块，方便使用。在人类历史上，金银曾经被广泛用作货币，直到现代纸币的出现才逐渐被替代。

> **小贴士**
>
> **货币**：俗称钱，是商品交换的产物，是在商品交换过程中，用来充当一般等价物的特殊商品。

货币就像一把尺子，给需要交换的各类物品标出"刻度"。

货币让原本偶然性很大的物物交换变得更加容易。如果你想得到一件东西，你只需要付出相应的货币（也就是钱）就可以了。这样，当你想吃油条的时候，你只需要把钱付给早餐店的老板，就可以拿走油条；而早餐店的老板需要面粉时，也可以把钱付给面粉店的老板，取走面粉……我们目前的经济体系就是这样运行的，有了货币，就不用以物换物了。现在，你感受到货币在交易中的便利性了吧。

你知道历史上还有哪些形式的货币？

像经济学家一样思考

可以用人民币出国买东西吗?

如果你要去国外学习或者旅游,可以直接花人民币吗?答案是:不行的!不同的国家有不同的货币,比如在美国要用美元,在德国、法国、西班牙等国家要用欧元,在英国要用英镑,在匈牙利要用福林,在俄罗斯要用卢布,在泰国要用泰铢……那我们出国时该怎么办呢?你可以在出国前去银行,兑换你要去的那个国家的货币。

那么,又出现一个问题:两个国家的货币如何兑换,它们是等值的吗?这里就引出一个新概念——汇率。汇率是两种货币之间兑换的比率。你可以打开手机或者电脑,查询到每天的汇率。比如1元人民币=0.1343欧元,1欧元=7.4439元人民币,也就是说,如果你给银行1元人民币,银行将给你0.1343欧元。由于汇率是变动的,所以你去银行兑换时,要以当日的汇率为准。兑换货币是你在出国前,需要办理的很重要的一件事。

为什么它们是免费的?

公共物品和私人物品

"卤肉饭太好吃啦!饱餐一顿!"钱多多摸着自己的肚子说。

"咱们出去转转吧!"爸爸提议道。

全家人在街心公园里有说有笑地散着步,突然钱贝贝在路灯下停了下来。

免费的路灯在黑夜里照亮我们前行的道路,这可真好!想想看:生活里还有哪些东西是免费的呢?

阳光、空气、树木、花朵……这些大自然的礼物,我们不花钱就能享受到。

还有道路、公厕、小区里的健身器材、不收门票的公园……这些也免费。它们不是大自然的馈赠,为什么也会免费呢?

因为我们都需要它们呀!

从经济学的角度看,路灯、道路、免费的公园……这些都是公共物品。公共物品有两个特点:第一,公共物品具有非**排他性**。想想看:如果没付钱,路灯就不给钱多多照亮,会这样吗?不会呀!只要路灯正常发光,走在它下面的任何一个人都会被路灯照亮。你能让走在路灯下的人,一部分人被照亮,另一部分人不被照亮吗?不能!这就是路灯的非排他性,你不能在你使用的同时,阻止其他人使用。第二,公共物品具有非**竞争性**。比如一个人走在路上和一百个人走在路上,路灯的亮度会有不同吗?不会!不管一个人,还是一群人,路灯都是这样暖暖地照在路上。也就是说,路灯照亮了你,也照亮了每一个路过的人。路灯并不会因为照在你身上,你就带走了它的光芒,其他人就只能得到微弱的灯光。这就是路灯的非竞争性,你和其他走在路上的人,都同样享受着路灯的光芒,你们之间并没有竞争关系。

由于公共物品的非排他性和非竞争性,它们很难由私人企

> 📌 **小贴士**
>
> **排他性**:指一种物品具有可以阻止其他人使用该物品的特性。
>
> **竞争性**:一个人使用一种物品会减少其他人使用该物品的特性。

业或个人提供,而公共物品给人们的生活带来了很多便利,大家都需要这些东西,因此公共物品通常由政府或集体来提供。

为什么公共物品很难由私人来提供?

因为公共物品难以解决"搭便车"的问题。

> **小贴士**
> "搭便车":得到一种物品的利益但避开为此付出。

你听过《三个和尚没水喝》的故事吗?庙里只有一个和尚的时候,他自己下山挑水喝;又来了一个和尚,他们俩一起抬水喝;再来一个和尚,就没人去打水了,开始没水喝了。这就奇怪啦!庙里的和尚变多了,为什么却没水喝了呢?一个和尚,他只能自己下山挑水,否则他没水喝;两个和尚抬水喝,每人为这桶水各自付出一半的劳动;三个和尚时,没有任何一个和尚愿意下山挑水或抬水,因为从山下辛苦挑上来的水,倒入水缸里,每个人都可以随便取用。由于水缸里的水不具有排他性,这很容易出现"搭便车者",也就是不用任何付出就可以得到利益的人。三个和尚,每个人都想"搭便车",自己不去挑水,就可以有水喝。因此,三个和尚都没水喝。

> **成语里的经济学**
> **不劳而获**
> **释义:** 不从事劳动而获得劳动果实。

如何避免三个和尚没水喝呢?比如可以每个人轮流挑水,或者两人一组轮流抬水。就像在班级里大家轮流值日一样!

教室打扫干净后,很难阻止没有打扫的同学享受这种窗明几净的环境。假如没有值日表,全靠大家自觉自愿打扫教室卫生,那么久而久之,经常打扫教室卫生的同学就会感到不公平:为什

今天轮到钱多多、刘小好、美美做值日,他们彼此配合默契,刘小好在讲台上擦黑板,美美认真地用抹布把桌子擦干净,钱多多正在打扫教室里的纸屑……

么总是我们打扫,其他人享用?这样愿意打扫卫生的同学会越来越少,进而出现"三个和尚没水喝"的情况。这时,值日表就是很重要的规则,体现出"人人为我,我为人人"的理念。

如果说,因为我们需要它就可以免费,那我们也需要食物、服装、玩具……它们为什么不免费呢?生活中更多的东西

"嗨,借我一支黑色签字笔用用,我的没水了。"钱多多向同桌刘小好求助。

"我就一支,给你了,我用啥?"刘小好拒绝道。

"小气鬼,不想和你呼吸同样的空气了!"钱多多很不开心。

刘小好小声嘟囔着:"这你可拦不住!"他心里也不服气,心想:就一支笔,借出去了我怎么写作业呢!

需要花钱去买,比如手中的铅笔、肩上的书包、脚上的鞋子,这些都不免费,因为这些都是你的私人物品。

私人物品既具有排他性,也具有竞争性。比如你笔袋里的铅笔,可以阻止其他人使用吗?当然可以!这就是说,这支铅笔具有排他性。如果你在用这支铅笔时,其他人可以同时用这支铅笔吗？当然不行！这就是说，铅笔具有竞争性，它不能同时让两个人使用。当同学拿着心爱的模型飞机在玩的时候，如果你也想玩，就要学会和对方沟通一下。因为你玩的时候，他就不能玩。他把模型飞机让给你玩，这是他对你的友爱，不能理所当然地认为，他就应该给我玩。

想一想 仔细观察一下你的周围，哪些是公共物品，哪些是私人物品？

如何区分私人物品和公共物品？

什么是私人物品？什么是公共物品？我们该如何区分它们呢？你可以通过回答两个问题来做出区分。

问题1：可以阻止人们使用这件物品吗？

回答：可以。那么这件物品具有排他性。

回答：不可以。那么这件物品不具有排他性。

问题2：一个人使用这件物品，会减少其他人使用这件物品的机会吗？

回答：会。那么这件物品具有竞争性。

回答：不会。那么这件物品不具有竞争性。

如果问题1和问题2，你的回答都是肯定的，那么它是私人物品。私人物品既具有排他性又具有竞争性。比如你手里的笔，你可以握在手里阻止他人使用，而且你在用的时候，另一个人就不能使用。

如果问题1和问题2，你的回答都是否定的，那么它就是公共物品。公共物品既没有排他性也没有竞争性，比如路灯、公路、节日燃放的礼花……一旦提供，不能阻止其他人使用；而且多一个人享用，并不会让公共物品所提供的功能减少。

钱跳进了手机里

数字支付

一大早,钱妈妈来农贸市场为家人购买食材,看见白菜挺新鲜,便买了一棵。

---

① 斤:质量或重量单位,1斤=500克。

你看,一笔交易就这样完成了!菜市场每天都很热闹,你在这里可以找到成百上千的商品,可以买到你需要的各种蔬菜水果、畜肉水产……你可以自由地选择自己想要的东西。

> **成语里的经济学**
>
> **不胜枚举**
> **释义:**
> 胜:尽;枚:量词,个。不能够一个一个地全部列举出来。形容数量很多。

我们国家使用的货币叫人民币,货币单位有元、角、分,1元=10角,1角=10分。如何使用它们呢?比如1斤苹果是5.25元,你拿了几个放在袋子里,称重显示3斤,那你要付多少钱呢?5.25×3=15.75(元)。口袋里没有几分的硬币,你给水果店的老板20元钱,他需要找多少零钱给你呢?20-15.75=4.25(元)。他需要找给你4元2角5分。头疼!还带着小数点,一不小心,就漏了几位,口算不容易呢!售货员用计算器算完,还要把几元几分数清楚后再找给你,好像还真有点不方便。

手机支付的出现很好地解决了这些问题,"嘀"的一声,只需轻轻一扫,一次交易就完成了,省去找零的麻烦。手机支付凭借其便捷性,被广泛应用,而以往常见的现金交易则变得越来越少,那么钱消失了吗?我们在买东西的时候,虽然没有一张一张地数钱交给对方,但是你点出去的数字就代表这件物品的货币量。这些数字背后,都是家里的钱。

好像没有见到谁把钱一张一张地塞到手机里,**那钱是怎么跳进手机里的呢?**

钱贝贝看见妈妈把一张卡片插进自动取款机里,里面就会出来一叠钱,她觉得这太神奇了!她也想要一张这样的卡,妈妈告诉钱贝贝这张卡是用来收工资的银行卡,妈妈要每天上班工作,每个月才会有钱打入这张银行卡里,这些钱都是妈妈辛

苦上班赚回来的。

　　过去发工资都是人工操作，发工资那天，职工去财务部门领取现金，钱奶奶年轻的时候领完工资，会一张一张地数钱。随着科学技术的进步，银行卡出现了，财务部门的人员把每个月的工资打到每位职工的银行卡上。当你需要现金的时候，可以去银行的自动取款机前，把银行卡插进入口，输入密码，就能取出现金了。注意哦！密码可不能让其他人看到，否则的话，你卡里的钱就有被别人盗取的风险。有了银行卡，人们不用把很多现金放在身上，等需要用的时候就去银行取出来一些，或者直接刷卡消费就行，比用现金方便了许多，比如家里要买个房、买辆车，几十上百万元的金额，如果用现金，那真是要数钱数到手抽筋了！

1985年钱奶奶在数工资　　　2024年钱妈妈收到工资到账短信

　　1985年，钱奶奶领到工资，高兴地一张一张地数着，"10、20、30……一共72.56元。"

　　2024年，钱妈妈拿着手机看了一眼，短信显示2024年2月工资7230元。

　　随着智能手机的普及，银行卡可以和手机上的应用程序绑定，当你用手机扫二维码以后，输入密码或按指纹，就能够向对方支付了，不用携带现金和银行卡，商家也不用找零了，现代社会的支付方式方便又快捷。

 用手机支付有哪些优缺点呢？

如何拥有自己的银行账户？

你平时会把不用的零钱放进存钱罐里吗？这样一点一点地把钱放进去，过段时间你的存钱罐渐渐装满了，这时你需要再拿一个存钱罐，才能把钱存进去……这样的话，你需要很多个存钱罐。那么有装不满的存钱罐吗？当然，银行里就有这样的"存钱罐"，它就是你见到的那张薄薄的银行卡。

你可以让爸爸妈妈带上你的身份证，如果你还没有自己的身份证，可以让父母带上他们的身份证和户口本，帮你在银行开设一个账户，这样你就可以得到一张儿童银行卡。这张银行卡的账户名是你的名字，你可以把钱存在里面，它可比一般的存钱罐大多了，你可以把所有的钱存在里面。当然，你也可以在需要用钱的时候，把这张卡上的钱从银行里取出来。账户里的钱都是你的，如果对方知道你的账户名（你的名字），账号（银行卡上印的一串数字），还有开户行（办理这张银行卡的银行名称），对方就可以给你转账了。

钱会生钱吗？

利息

把钱存在银行里，和存在存钱罐里一样吗？它们有一样的地方，就是你把钱放进去，可以在需要用的时候再取出来。它们也有不一样的地方，比如你把钱存进存钱罐里，你要买巧克力的时候，需要拿出来10元钱，你要买脆皮雪糕的时候，需要拿出来5元钱……时间一长，存钱罐里还剩多少钱呢？你必须把里面的钱都倒出来，全部数一遍才会知道。也有个简单办法，就是你把每次放进去和取出来的钱都记在纸上，左边一列写存进去的钱，比如存进去了500元，你就写+500元；拿出来了50元，就在右边记作-50元。你存进银行里的钱就比较简单，比如你存了200元钱，就是数字200。你每取一次钱，银行会帮你减去这部分钱；你每存一次钱，银行会帮你加上这部分钱。

钱多多2024年存钱罐收支情况

日期		
2月10日	+500元	
3月5日		-50元
3月12日	+30元	
4月3日	+5元	
4月15日		-20元

> **小贴士**
> 利息：是货币在一定时期内的使用费。

把没花完的零用钱放在存钱罐里，可以帮你养成储蓄的习惯，但是不会生出多余的钱来，而你把钱放在银行里，银行会给你支付利息。

你可以让爸爸妈妈带你去银行开设一个账户，这样你就拥有了一张银行卡，你把钱存在这张卡里，银行会按照你存入钱的多少和存入时间的长短来给你支付利息。比如你存了1000元钱在银行里，这1000元钱叫本金，如果你想存一年时间，银行一年期的年利率是1.7%，那么一年以后的利息是1000×1.7%=17，本金1000+利息17=1017，也就是说，1000元在银行存一年后，连本带息你可以取出1017元。

> **成语里的经济学**
> **开源节流**
> 释义：开辟水源，节制水流。比喻在财政等方面增加收入，节省开支。

1000元钱存入银行时间长短不一样，利率也会不一样。

比如说一年期的年利率是1.7%，两年期的年利率是1.9%，三年期的年利率是2.35%，也就是说，同样1000元钱，你存的时间长短不同，到期后得到的利息也不一样，你可以根据自己的使用情况选择时间的长短。

1000元存一年，到期后本金1000+利息1000×1.7%=1017（元）

1000元存两年，到期后本金1000+利息1000×1.9%×2=1038（元）

1000元存三年，到期后1000+利息1000×2.35%×3=1070.5（元）

春节后，收到不少压岁钱的钱贝贝开始琢磨怎么处理这些钱。"怎么存好呢？"钱贝贝站在银行门口想。

也许你听大人说过股票、基金等理财方式，它们是有风险的投资。也就是说，有人买的股票涨了，1000元买的股票，半年后可能变成了1300元，"钱生钱"了；也有人买的股票跌了，1000元买的股票，半年后可能变成了800元，钱不仅没有生出钱来，连本金也受到了损失。这就是"理财有风险，投资需谨慎"。

 你还知道哪些"钱生钱"的方法吗？

像经济学家一样思考

银行为什么会给我们利息呢?

你把压岁钱存进银行里,这些钱会一直待在保险箱里吗?直到你取钱时,银行工作人员再从里面取出来给你?那么付给你的利息从何而来呢?

事实上,你存在银行里的钱不会一直放在保险箱里,银行会把它以贷款的方式借给需要的人。可以说,你存在银行里的钱很快就会流动起来。

银行会把钱借给需要的人,这叫作贷款。贷款人要向银行支付利息,贷款金额越大,时间越长,所需支付的利息就越多。通常,贷款利率会高于存款利率,即人们去银行贷款付出的利息要高于把钱存在银行里得到的存款利息。很多人会办一张信用卡,它可以让你先花钱,下个月再还钱。不过,一旦你忘记按时给信用卡还款,那么你不仅会收到银行的账单,还要补交滞纳金,因此,花钱还是要量入为出。信用卡里的钱只是借给你花,不是送给你的,到期是要还的。

成语里的经济学

量入为出

释义: 根据收入的情况来确定支出的额度。

视觉笔记：生活离不开钱

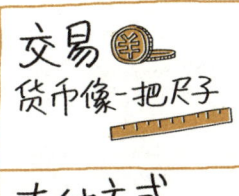

为什么馒头很难卖出高价?

市场结构

钱奶奶来到农贸市场,正好王大叔的馒头刚出锅,热气腾腾的馒头散发出淡淡的香气,钱奶奶看见又大又白的馒头,准备买几个带回家吃。

王大叔认为自己蒸的馒头最好,谁家的馒头也比不过。

热气腾腾的馒头刚出锅,整齐地排列在笼屉上,钱奶奶问:"馒头多少钱一个?"

王大叔热情地回答:"15元一个!"

"啊?15元一个,你这是金子做的?我可吃不起!"钱奶奶赶紧去别的地方买了。

王大叔觉得自己蒸的馒头最好，就把馒头的价格定成15元一个，可以吗？钱奶奶听了这个价格，马上就准备换一家去买。为什么呢？因为卖馒头的人太多了，王大叔卖得太贵，大家自然会去别的地方买。

王大叔心里挺纳闷：为什么馒头蒸得这么好，却没有人来买呢？

细心的王大叔品尝其他家的馒头后发现，别人家的馒头不比自己的差多少，但卖得比自己家馒头便宜很多，因此，大家都不愿意在他这里买。王大叔只能把馒头的价格降到和别人家差不多，这样才有人来买。

在市场中，卖馒头的人是在算完面粉、蒸炉、人工、房租费等成本后，核算出馒头的定价。如果某家卖馒头的人把价格定得太高，大家就会去其他家买，他只能降价才有机会卖出去。馒头市场的竞争十分激烈，因为馒头的差别不大，卖馒头的人却有很多，没有谁有力量决定馒头的价格。经济学中把这类市场称作**完全竞争市场**。如何理解呢？不妨仔细观察一下，你会发现：在馒头市场中，有很多卖馒头的人，他们蒸出来的馒头几乎一样，而且馒头不是高科技产品，想要进入这个行业很容易，没有什么技术门槛，卖馒头也不需要特别麻烦的审批。众多卖馒头的人在市场中出售几乎同样的馒头，如果定价高了，大家就会去其他地方买，反正哪儿卖的馒头都差不多，所以馒头很难卖出高价。

反过来，如果只有唯一的一家企业提供这种产品，而且它

> **小贴士**
>
> **完全竞争市场**：有许多交易相同商品的买者与卖者，以至于每个人对商品价格的影响都微乎其微的市场。

提供的产品没有相近的替代品，那么这家企业就是<u>垄断</u>企业。假如我们生活在和外界没有任何联系的小镇上，在小镇上只有一家制作冷饮的企业，他们向小镇上的人提供冰激凌。如果想吃冰激凌，小镇里的人只能来这里购买，就算价格很贵，人们也只能接受。因为没有其他企业竞争，这家冷饮企业可以决定小镇上冰激凌的售价，因为小镇上的冰激凌被他们一家垄断，垄断企业对市场价格有很强的影响力。

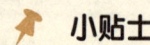

小贴士

垄断： 单一的卖者完全控制市场里的某一行业。

成语里的经济学

独一无二
释义： 只此一个，别无其他。

想一想 你知道生活中有哪些商品是垄断的，哪些商品是充分竞争的吗？

像经济学家一样思考

我们为什么要限制垄断

试想一下,如果你居住的地方,只有一家卖馒头的店,尽管这里的馒头又硬又不好吃,还卖得有些贵,但是你没有时间在家里蒸馒头,想吃馒头了,只能在这里买。因为没有人和它竞争,所以这馒头即使价格很高,做得并不好吃,但还是可以都卖掉。

如果市场上有很多做馒头的人,他们之间就会相互竞争,你会挑选馒头蒸得又大又好、价格还不贵的那一家,这样,蒸馒头的人就要努力把馒头做好,否则大家就不会来买。竞争会让我们买到又好又便宜的东西,所以为了维护市场竞争,国家会从法律层面制定相关法规,《中华人民共和国反垄断法》已于2007年8月30日通过,自2008年8月1日起施行。

成语里的经济学

货真价实

释义: 货物的质量是可靠的,价钱是公道的。常作为商人招揽生意的用语。

童叟无欺

释义: 叟,老年男人,泛指老年人。无论对小孩还是老人都不欺骗。多形容买卖公平。

为什么妈妈一次买这么多牛奶?

需求

市场中有很多人像钱奶奶一样,准备买几个馒头带回家吃,比如刘小好的妈妈、宽宽的爸爸……他们都想买馒头,可以说他们对馒头有需求吗?让我想想……

需求=我想买,对吗?

他们都准备中午吃馒头,所以都想买馒头吃,那么"需求"等于"我想买"吗?你只说对了一半,那另一半是什么呢?也许你会说,想买的东西多啦……我想买一架私人飞机,带我去世界各地旅游;我想住在城堡里,一抬眼就能看见大海……这些可买不了!那得花多少钱呢?经济学中的需求除了有"购买欲望"——"想买"外,还要有"购买力"——"买得起",所以说"想买"只是经济学中需求概念的一半。完整来说,

需求=我想买+买得起

也可以说,经济学中的需求包含两个条件:想买和买得起。如果缺少一个,都不算是有需求。

妈妈要负责家里的日常开支,早餐喝一杯牛奶,让我们的身体变得更加强壮!妈妈发现今天超市里的牛奶挺便宜,那就多买一些回家喽!

钱多多和妈妈一起去超市,钱妈妈发现牛奶在做特价促销,于是买了两箱。钱多多担心东西太多,没法提回家。而且妈妈为啥要一次买两箱牛奶,又不是过几天超市不卖牛奶了。真奇怪!干吗要一次买那么多呢?

有很多人和钱妈妈想的一样,也会在牛奶便宜的时候多买一些。你细心观察可以发现,有降价促销的时候,很多人都会比平时多买一些。也就是说,需求量和价格常有关联:如果价格便宜,大家愿意多买一些;如果价格贵,大家就少买一些。

成语里的经济学

多多益善

释义:

益:更加。原指带兵越多越能成事,即打胜仗。后泛指越多越好。

成语里的经济学

背道而驰

释义：朝着相反的道路奔驰。比喻彼此目标完全相反。也比喻背离正确的目标，朝相反的方向走。

我们把牛奶的价格和需求列在一张表里，咦……牛奶的价格不停地往上跑，需求却在不停地往下跑。它们互相谁也不理谁，一路反向奔跑。

价格说：涨起来吧！
需求说：哼！贵了可不买！

人们买东西的时候，当然会关心它的价格是多少！就算很喜欢，如果它的价格超出了自己的支付能力，也不会买。

小贴士

需求表：表示一种物品价格与需求量之间关系的表格。

牛奶的需求表

一盒牛奶的价格	2元	3元	5元	8元	12元
牛奶市场的需求	350盒	290盒	240盒	170盒	100盒

当牛奶价格从2元一路上涨至12元，人们对牛奶的需求量像坐滑梯一样从350盒滑降到100盒。虽然人们是否去买一样东西，会受到很多因素的影响，比如说喜不喜欢它，有没有比它更好的……但是经济学中发现，对需求影响最大的还是价格。

如果你想买的东西价格贵，你会怎么做呢？

像经济学家一样思考

马斯洛需求层次理论

每个人都有想要的东西,你想要滑板车,他想要一只玩具熊……孩子羡慕大人能够有钱买想要的东西,误以为大人有钱就可以想买什么就买什么。其实大人并没有孩子想得那么随性,他们也有很多想要的东西,不过要去先满足重要的需求,其他很多东西也许只能选择放弃。

马斯洛需求层次理论将人类需求像金字塔一样从低到高分为五个层次。分别是:生理的需要(食物、水、空气、睡眠等)、安全的需要(人身安全、健康保障、道德保障、家庭安全等)、社交的需要(友情、爱情等)、尊重的需要(自尊、信心、成就、对他人尊重、被他人尊重等)、自我实现的需要(道德、创造力、自觉性、公正度等)。只有低层次的需求被满足以后,才会激发出更高层次的需求。

谁来生产牛奶?

供给

天气太闷热了,钱贝贝一回家,就去冰箱拿出一盒牛奶喝了起来。一旁的爷爷不停地扇着他的大蒲扇,但汗水依旧流个不停。

这么好喝的牛奶是谁生产的呢?他们怎么知道你爱喝牛奶呢?秘密在这里……

李叔叔发现很多小朋友喜欢喝牛奶,可是市场上没几家卖牛奶的店,李叔叔灵机一动,如果成立一家卖牛奶的公司,一定能赚到钱!于是他风风火火地成立了"李叔叔牛奶公司"。公司成立以后,李叔叔购买机器设备,准备各种原材料……"李叔叔"牌牛奶诞生啦!哇,味道好极了!因为此时此地只有这一家牛奶公司,所以李叔叔生产的牛奶虽然价格略贵,但还是每天都被抢购一空。

这时候,细心的张阿姨发现市场上牛奶的销量很好,于是成立了一家"张阿姨牛奶公司",也生产牛奶卖给大家……张阿姨公司的牛奶也销量很好,张阿姨每天都笑得合不拢嘴。

就这样,头盔叔叔、小红帽姐姐、大鼻子哥哥……都发现卖牛奶是门好生意,他们纷纷加入其中,开始生产和销售牛奶。

假设在牛奶市场中,有李叔叔、张阿姨、头盔叔叔、小红帽姐姐、大鼻子哥哥五家企业生产牛奶,在不同的价格水平下,他们愿意且能够提供的牛奶数量不一样,我们把所有企业的**供给量**加在一起,就构成了整个牛奶市场的供给。

> **小贴士**
>
> **供给量**:卖者愿意而且能够出售的一种物品量。
> **供给表**:表示一种物品价格与供给量之间关系的表格。

牛奶的**供给表**

一盒牛奶价格	2元	3元	5元	8元	12元
牛奶市场的供给	80盒	140盒	240盒	320盒	390盒

仔细观察供给表,你能发现点什么吗?

随着牛奶的价格越来越高,牛奶企业愿意生产的数量在增加。如果牛奶价格比较低,他们就不想多生产。供给量和价格像在搭乘同一部电梯,价格涨了,企业愿意多生产;价格降了,企业就会压缩生产。供给量和价格之间的关系可以用**供给定理**来描述。

当然,也有例外,就是无论价格如何变化,供给量都是一定的。

比如艺术品拍卖市场,随着拍卖师的小锤落下,一件藏品得以成交。对于已故画家来说,无论这幅画的价格如何变化,他一生的作品数量也就这么多了,也就是说,供给量不随价格变化而变化。

成语里的经济学

携手并肩
释义: 手牵着手,肩挨着肩,形容关系亲密或行动一致。

小贴士

供给定理: 认为在其他条件相同时,一种物品价格上升,该物品供给量增加的观点。

李叔叔很喜欢梵高的画,于是找到画廊经理,表示愿意花大价钱去买一幅梵高的作品。

想一想：为什么水果有时候很便宜，有时候又很贵呢？

价格太便宜，可能是陷阱

我们买东西的时候希望价格越便宜越好，当然啦！手里的钱就像茶壶里的水，你倒一杯出来喝掉，壶里的水就少一点。如果能多留点钱在手里，就可以买更多的东西。因此，人们买东西的时候，总觉得价格越便宜越好。

可是你从上面李叔叔他们卖牛奶的事例里可以知道，如果牛奶只卖0.5元一盒，别说赚钱了，连支付原材料和生产设备的费用都不够，卖的钱都不够本钱，这时有的企业就会选择不再生产牛奶，并渐渐退出牛奶市场。

成语里的经济学

得不偿失
释义：所得到的抵不上所失去的。

如果商品卖得太便宜，连成本都不够，那企业为什么要生产呢？你在消费的时候要警惕"低价陷阱"，天上真能掉馅饼吗？

不可能！绝对不可能！

亏本的买卖怎么会有人做呢？比如说一日游的报价连来回车费都不够，那旅游公司又是印发广告，又是招揽顾客，忙活半天为啥呢？低价只是为了吸引你去消费，等你参加一日游以后，就会带你去逛商店，想方设法让你买各种各样的东西，等等，从其他途径把钱赚回来。因此，当你看到不合理的低价时，一定要提高警惕，谨防上当受骗。

为什么牛奶一会儿涨价，一会儿降价？

均衡价格

牛奶价格低，妈妈愿意多买几盒。但是牛奶价格低，企业不愿意生产。消费者希望价格越低越好，企业希望价格越高越好，这样的话，他们就很难达成交易，那可怎么办呢？

生产者和消费者想的不一样……

消费群体站在楼梯的最底端，举着牛奶1元一盒的牌子喊："你下来！"

生产群体站在楼梯的最高端，举着牛奶20元一盒的牌子喊："你上来！"

如果他们一直僵持不下,那就没有任何一笔交易可以达成了,这好像与实际情况并不相符。实际上我们每天都可以看见大量的买卖行为在发生。

市场里的商品价格在不停地变化中,我们把消费者的需求和供给放到跷跷板的两端,会出现什么情况呢?

> **小贴士**
>
> **需求**:消费者想要购买且有能力购买的产品数量。
> **供给**:企业愿意且有能力生产的产品数量。

如果一盒牛奶的价格是2元时,消费者想要买360盒,可是价格低,企业只愿意提供90盒,牛奶开始涨价!

当一盒牛奶的价格涨到3元时,价格涨了,企业愿意提供的数量增加到150盒。可价格涨了,消费者想要买的数量降到310盒,但牛奶还是供给小于需求,价格会接着涨!

当一盒牛奶的价格涨到5元时,供需达到了平衡!

当一盒牛奶的价格涨到8元时,企业生产的动力十足,愿意提供300盒。可是价格变贵,消费者不愿意买了,这时的需求只有180盒,牛奶供给大于需求,只有降价才能卖掉!

当一盒牛奶的价格涨到12元时,企业愿意加班加点地生产,但是12元一盒,消费者愿意买的数量持续下降,这时候牛奶还是供给大于需求,牛奶只能降价出售!

我们可以看到,供给和需求在价格的指挥下玩跷跷板。当牛奶价格为2元或3元的时候,消费者愿意购买的数量大,但是企业愿意提供的牛奶数量小,跷跷板的重量就落在需求一边。

供给＜需求

这时市场上很多人想买牛奶,但牛奶没那么多,价格则会上涨。

当牛奶价格涨到8元或12元的时候,企业愿意提供的牛奶数量增多,但是消费者愿意购买的数量减少,跷跷板的重量就落在供给一边。

供给＞需求

这时市场上牛奶很多,可是想买的人少,价格就会下降。

当牛奶价格为5元的时候,市场中消费者愿意购买的数量等于企业愿意提供的牛奶数量,供需关系实现了平衡!

供给＝需求

牛奶的供给和需求

一盒牛奶的价格	2元	3元	5元	8元	12元
牛奶市场的需求	360盒	310盒	240盒	180盒	120盒
牛奶市场的供给	90盒	150盒	240盒	300盒	360盒

牛奶价格为5元时,供需平衡,这时市场上想买牛奶的人都买到他想要的牛奶,而卖牛奶的人也卖出他想卖的牛奶。在**均衡**点上的价格5元被称为**均衡价格**,而均衡点上的数量240盒被称为**均衡数量**。

成语里的经济学

势均力敌
释义: 均,均衡、相等。敌,相等、相当。双方力量相等,不分高下。

小贴士

均衡: 供给与需求达到了平衡的状态。

均衡价格: 使供给与需求平衡的价格。

均衡数量: 当价格调整到使供给与需求平衡时的供给量与需求量。

 观察一下,中秋节前后的月饼价格是否有变化?

买东西就像在投票

你每天都需要决定买这个,还是买那个!其实有很多人和你一样,他们也在做选择。每一次的消费,就像一次投票。我们在投票的时候,彼此并没有商量,但是我们都会去买质量好、价格不贵的东西,久而久之,只有那些能提供质优价廉商品的企业才能生存下去。

如果企业想要在竞争中取胜,通常有两个基本策略:低成本和差异化。如果一件东西很好,可是它的价格太贵了,普通人根本买不起,那么企业就会想办法降低成本,让更多的人能用上它。如果两种商品都一样,那么只能比拼价格,企业觉得单拼价格很难保住成本。为了赢得更多的客户,企业会想办法让自己的产品更有特点。比如:同样是书包,基本功能都是把书装进去,但是书包的功能区域划分、肩带宽窄等可能会有所差异,这样每个人都可以根据自己的需求来进行挑选。

市场价格总是合理的吗?

支持价格和限制价格

马上要开学了,钱多多正跟妈妈一起给刚拿到手的新课本包书皮,包着包着,钱多多突然发现……

学校上课需要用到语文书、数学书、美术书……它们是学习的必需品,大家学习离不开课本,就算这些书卖得贵,大家还是会买。经济学可以用来解释我们周围的世界,但更重要的是:要用它让我们的世界变得更好。

那么，在制定政策时，经济学又能做什么呢？

为了实现教育公平，让每个家庭都能负担得起学习费用，政府会制定政策对教材进行限价，也就是说，限定它的最高价格是多少，不能超过这个价格。比如中小学开学前，各地相关主管部门会对学生的教材限定价格。

为了大多数人的利益，生活中有时候会实行<u>限制价格</u>，比如景

> **小贴士**
>
> **限制价格：** 政府所规定的某种物品的最高价格。这里的最高价格总是低于市场均衡价格。

> **成语里的经济学**
>
> **僧多粥少**
> **释义：** 和尚多，而供和尚喝的粥少。比喻物少人多，不够分配。

张爷爷种的小麦喜获丰收，爷爷看着饱满的麦穗，眼睛里充满丰收的喜悦。

区门票上浮比例在20%以内、上海在第四届中国国际进口博览会期间实施临时价格干预，还比如粮食的价格，等等。

  小麦的产量增加了，但人们对小麦的消费并没有大幅增加。换句话说，小麦市场出现供给大于需求的情况，如果完全按照市场资源调配，那么小麦供过于求，市场价格很低，农民辛苦一年，也赚不到什么钱。政府为了保护农民的种粮积极性，会提前公布小麦的最低收购价。2023年9月国家发改委等部门公布2024年小麦（三等）最低收购价为50千克118元，也就是说一千克小麦（三等）的最低收购价是2.36元。

  那么我们可以假想两种情况：一种情况是2024年一千克小麦的市场价格高于2.36元，那么小麦卖出好价钱，农民可以多赚点钱。另一种情况是2024年一千克小麦的市场价格低于2.36元，此时最低收购价就开始发挥作用，小麦最低收购价是在实行**支持价格**。小麦最低收购价是给农民一颗定心丸，让农民知道明年一千克小麦收购价绝不会低于2.36元，政府通过制定小麦最低收购价来保护农民的收入，从而保障粮食生产的稳定。

> **小贴士**
>
> **支持价格**：政府所规定的某种物品的最低价格。这里的最低价格总是高于市场均衡价格。

  在生活中，最低工资制度也是一种支持价格，它会保护劳动者的收入不会过低。政府进行价格控制是因为他们认为市场结果不全都是公正的，所以想要去改善市场结果。

一家企业的老板因为临时有新业务正在招聘新的兼职员工,双方正在讨论待遇问题。

 **想一想** 生活中还有哪些情况是在实行限制价格或者支持价格的?

像经济学家一样思考

为什么景区容易出现"天价消费"?

你在景区游玩的时候,吃完饭结账有遇到过"天价菜"吗?如果你的回答是:有!这种不愉快的经历一定会让你的游玩体验大打折扣。为什么一顿普通的饭菜,在旅游时容易遇到"天价",而去你家附近的饭店却很少遇到"天价菜"?

从消费的次数来说,你在旅游景点吃饭,可能这一生中只在这里吃一次,来这里吃饭的很多游客也是如此,店家知道游客下次再来的可能性不大,所以有些店家动起了歪心思,想从这顿饭里多赚一点钱。如果没有政府监管,就容易出现"天价菜"。你家附近的餐馆,通常来吃饭的人都居住在周围,如果饭菜价格不合理,顾客就不会再来,餐馆就无法持续经营下去。

在景区旅游时,你可以自备饼干、面包、牛奶等方便携带的食物,吃饭尽量选择本地居民去消费的餐馆,或者全国统一价的连锁餐厅,这样遇到"天价菜"的可能性就会大大降低。如果遇到"天价菜"也不要慌张,可以给当地市场监督部门打电话,他们会来帮助你解决问题。

"看不见的手"在指挥这一切

清晨,钱爸爸一溜小跑地下楼买豆腐脑、包子。

"起床了!起床了!快点,要迟到了!"钱妈妈拍着睡成"大"字形的钱多多大声叫着。

"妈妈,我今天穿什么?"钱贝贝先哥哥一步,晃晃悠悠地起来了。

……

"赶紧吃!蒸包子的大姐两小时前都和完面了,你们睡到现在还迷迷糊糊?都快点吧,我今天有个重要的会要开!"钱爸爸一边说,一边把买回的早点摆在餐桌上。

谁在指挥这一切?卖豆腐脑、卖包子的人天不亮就起来给人们做早餐,爸爸妈妈着急吃完饭去公司上班……好像没有任何一个人或者机构在指挥这一切,也没有人规定谁要早起做豆腐脑,谁必须把包子蒸好,谁要早起去公司上班。

每天早晨并没有人拿着大喇叭喊着给大家下达命令,也没有人给大家的手机上统一发什么指令,大家忙碌着,但很有秩序,这是怎么做到的?是不是有点不可思议?

> **成语里的经济学**
> **井然有序**
> **释义**:井然,整齐的样子。形容整齐而有秩序。

> 火龙果的原产地是中美洲,一开始国内卖的火龙果都是进口的,虽然价格比较贵,但还是有很多人想尝尝它的味道,于是争相购买。

你吃过火龙果吧?它最早只能从国外进口,那时候进口火龙果500克20元,果农们心动了,如果能够在国内种植火龙果再销售,那么一定能赚很多钱。这样我国南方地区的果农们开始试着种植火龙果,紧接着北方地区的果农利用大棚也开始种植,因此市场上火龙果的供给明显增加,火龙果的价格也由原来的500克20元,逐渐降到500克三四元,直播平台可能价格更低,那么果农的收入就变得越来越少,这样很多果农就不再种植火龙果，市场上火龙果的供给开始减少，从而使火龙果的价格逐渐回升。

从火龙果的例子中，你可以看到市场是如何自发进行调节的，也知道"看不见的手"是在如何施展它的魔力。

价格就是看不见的手用来指引经济活动的工具。

在大多数自由市场上，在价格牵引下市场最终会达到均衡水平，这种现象普遍存在，有时被称为**供求定理**。如果火龙果500克20元，种植火龙果有利可图，它会刺激果农们扩大种植面积，从而获得更多收益，而随着种植面积不断扩大，火龙果的产量持续增加。市场上的火龙果越来越多，价格会逐渐下降，当火龙果价格逐渐变低的时候，原来买不起火龙果的人，现在也能吃上火龙果，这当然是一件很好的事情。但是随着越来越多的果农种植火龙果，火龙果的价格一跌再跌，最后果农发现种植火龙果不赚钱了，那么他们就会改种其他水果。一些果农从火龙果市场中退出，市场上的火龙果数量逐渐变少，火龙果的价格开始逐渐上升。最后会出现，想吃火龙果的人可以买到价格合适的火龙果，果农也可以赚到钱维持生活，火龙果市场逐渐达到供求平衡的状态。

> **小贴士**
>
> **供求定理**：认为任何一种物品的调整都会使该物品供求平衡的观点。

你最爱的水果是什么？去水果店观察一下它的价格是如何变化的。

像经济学家一样思考

市场是万能的吗？

如果一家化工厂每天排放化学废气，周围的居民每天都能闻到刺鼻的气味，可以依赖市场解决这件事吗？恐怕很难。

尽管"看不见的手"会使市场有效地分配资源，但是也并不一直是这样。比如环境污染问题，它很难依靠市场本身来解决。经济学家用**市场失灵**来表达这一情况。

市场失灵的原因之一就是**外部性**，什么是外部性呢？如果一个人的行为对其他人产生的影响是有利的，比如你的邻居擅长弹吉他，你经常听到优美动听的乐曲，这可以说是正外部性。如果一个人的行为对其他人的影响是不利的，比如化工厂排出的废气，让周边居民没有清洁的空气，这可以说是负外部性。如果没有政府阻止或限制它们这样做，企业就会一直排放污染物。所以说，虽然很多时候市场能够解决问题，但它并不是万能的，不能做好每一件事。

> **小贴士**
> **市场失灵**：市场本身不能有效配置资源的情况。
> **外部性**：一个人的行为对旁观者福利的影响。

视觉笔记：市场是如何运转的？

市场结构

	买方	卖方
完全竞争市场	👥👥👥……	👥👥👥……
垄断	👥👥👥……	👤

需求
价格说：涨起来吧！
需求说：唉！贵了可不买！

供给
价格说：涨起来吧！
供给说：那多生产些……

需求　供给　　需求　供给　　需求　供给
供不应求　　　供需平衡　　　供过于求
价格上涨　　　均衡价格　　　价格下降

市场价格总是合理的吗？
　　支持价格
　　限制价格

谁在指挥？ 这么便宜，不生产了！

PART 3
我买的东西值这个价吗?

鸡蛋可以换自行车吗？

使用价值和价值

真想用鸡蛋换辆自行车！

自行车又不能吃，谁跟你换？

> 早晨，钱多多一家在吃早餐。钱多多正在剥鸡蛋，他最近迷上了自行车，想让妈妈买一辆自行车给他，可能是还没忘记用板凳换油条的梦，他淡淡地说："真想用鸡蛋换辆自行车！"钱贝贝喝了一大口牛奶说："自行车又不能吃，谁跟你换？"

早晨吃一颗鸡蛋，让我们的一天充满活力！太阳刚刚升起，泛着缕缕金丝般的光，这么好的天气，如果能出门骑会儿自行车一定很惬意！鸡蛋可以吃，自行车可以骑，它们根本不一样，饿了可以吃鸡蛋，总不能吃自行车吧！为什么在以物换物的时代，这两样东西还能彼此交换呢？

你说的不一样，是说鸡蛋和自行车的<u>使用价值</u>不一样，所以没法比较自行车和鸡蛋究竟谁更有用！一颗鸡蛋可以换一辆自行车吗？不行不行……一颗小小的鸡蛋，就想换一辆自行车，开什么玩笑，傻瓜才和你换呢！那用500颗鸡蛋换一辆自行车，可以吗？我考虑考虑……好吧，500颗鸡蛋还行！

> **小贴士**
> **使用价值**：物品能够满足人们某种需要。

为什么500颗鸡蛋可以换一辆自行车呢？

这是因为在它们背后存在共同的东西。我们知道，吃鸡蛋可以给身体提供所需的营养，骑自行车可以锻炼身体，它们的用途不一样，之所以能够交换，是因为它们都是人类劳动的产品。

养鸡人每天要给鸡喂食，精心饲养它们，我们才能吃到鸡蛋，可以说，每颗鸡蛋都饱含着养鸡人的劳动；而一辆自行车在工厂里生产出来，需要工人们分工协作，付出劳动才能完成。500颗鸡蛋和一辆自行车，它们之间可以交换，是因为都凝结了等量的人类劳动，也可以说具有等量的价值。

所以说，两种不同的东西能够互相交换，它们背后共同的东西就是生产它们所耗费的劳动。马克思认为，价值是凝结在商品中无差别的劳动。也就是说，500颗鸡蛋和一辆自行车所付出的劳动是一样的，所以价值相等。

钱多多费尽心力堆起来的沙子城堡，怎么连根冰棍也换不回来呢？虽然钱多多为

> **成语里的经济学**
> **不值一钱**
> **释义：**
> 一钱：一文钱。形容毫无价值。

钱多多和钱贝贝在海边玩,钱多多用沙子堆出一个城堡,钱贝贝刚买了一支冰棍在吃,钱多多说:"贝贝,我用城堡和你换冰棍吧!"钱贝贝说:"我可不换!"钱多多说:"这么好看的城堡你居然不要!"

了堆城堡付出了劳动,但是没人想要这个城堡,或者说这个城堡没有什么用。如果是座真的城堡,有人可以住在里面,那会有人愿意拿东西来交换,可是很多人会觉得钱多多的城堡没什么用,所以并不想和他做交换。可以说,价值的基础是使用价值,如果劳动耗费在没有什么使用价值的事情上,那就失去了交换的可能性。

那么你说,钱多多堆砌城堡是一件没用的事吗?付出了劳动,但没人需要。我们可以换个角度来看,钱多多自己需要呀!他从玩沙子中得到乐趣,他知道如何用沙子搭建城堡,这本身就是一件快乐的事儿!

 和父母聊聊哪些东西是有价值的?

像经济学家一样思考

爸爸妈妈为什么要上班？

清晨，你一起床，爸爸妈妈就催促你赶紧吃包子，喝小米粥，送你上学后，就急匆匆地去上班……为什么他们要去上班呢？爸爸妈妈已经是成年人，没有人会给他们零用钱，生活里方方面面的花费可不少，需要付出劳动才能获得收入，这样才能维持家庭的各种开支。

比如清洁工天不亮就开始打扫路面，快递员要把每件物品送到收件人手里，医生要坐在诊室里解决病人的痛苦，程序员要坐在电脑前写代码……这些劳动会让他们获得工资来满足日常生活所需，可以说工资是对他们辛勤工作的奖励。有的工作短期培训就可以上岗，比如拉面师傅、推销员、外卖员……有的工作需要更为专业的学习才可以胜任，比如律师、医生、教师……

贵的东西一定好吗?

钱多多和钱贝贝一起逛超市,东瞧瞧,西看看。
突然,钱多多眼前一亮,在货架上发现一瓶饮料,竟然标价25元。

钱多多看见一瓶饮料卖25元,心里觉得:既然卖这么贵,那肯定要比3.5元一瓶的好喝吧!

事实果真如此吗?让我们来看一个真实有趣的实验。

如果你面前放着两杯冰激凌,一杯冰激凌50克,但是放在

30克的杯子里，所以看上去冰激凌快要溢出来了；另一杯冰激凌70克，但是装在100克的杯子里，所以看起来杯子没装满。两杯冰激凌，哪杯的价格更贵呢？

当然是第二杯了，虽然看起来没装满，但是它有70克的冰激凌，而且杯子也大。

可实验结果却让人大跌眼镜！当两杯冰激凌分别出售时，人们愿意花30元买50克的冰激凌，却不愿意用20元买70克的冰激凌。

从这个实验可以看出，人们买东西时并没有计算物品的真正价值，而只是用眼睛目测这杯冰激凌更满，因此愿意为它付出更多的钱。

马克思认为，所有商品的价值都是通过劳动实现的。比如说，一只瓷碗如何放到你的餐桌上呢？制作瓷碗的工人把黏土挖出来，经过原料处理、制坯、干燥、施釉、装烧几道工序后，瓷碗烧制而成。这只碗要想送到你家的餐桌上，还要经过物流运输等环节。从黏土变成瓷碗，制造者付出了劳动；瓷碗送到你家，商品包装、物流等工人也付出了劳动。

所以说，商品的价值取决于生产它所耗费的劳动。

那么，价格和价值之间一直是相等的吗？

那为什么同样的伞，在地铁口卖得比妈妈前两天买的贵呢？钱妈妈出地铁的时候发现下雨了，可自己并没有带伞，当时很多人都需要一把伞，那离得最近的卖伞的地方就是在地铁口。这时，你会发现，即便雨伞价格比平时贵，大家还是想买把伞赶紧回家。

"哎呀！下雨了！"钱贝贝和妈妈走出地铁口，发现外面下雨了。

"雨伞、雨衣要不要？"在地铁口卖雨具的胖大妈问她们。

"雨伞多少钱？"钱妈妈问。

"20元一把。"

钱妈妈说："前两天我买了一把一模一样的，才15元呀！"

雨伞耗费的劳动增加了吗？没有！

由此可见，当商品处于供不应求状态时，价格就会升高。因此，<u>价格是表达供求关系的信号</u>，有时候它并不是价值的体现。

你在买东西的时候，不要盲目地

 小贴士

任何商品的价格都会根据买卖双方的数量比例变化而上下波动……（这一规律）适用于任何用于买卖的商品。

——约翰·洛克（英国思想家）

以为贵的东西就一定是好的。你要判断一下它的价值究竟怎样,不要被它表面的华丽外表所迷惑。你可以先问问自己:买它是用来做什么呢?值得花这么多钱吗?

成语里的经济学

虚有其表

释义:
表:表面,外貌。空有好看的外表,而无与之相符的内容。

如何买到既便宜又好的东西?和同学讨论一下吧!

钻石为什么这么贵?

你见过钻石吗?它们璀璨夺目,晶莹剔透,总是闪着耀眼的光芒。你也会在逛商场的时候,看见大幅引人注目的钻石广告。在专柜透明玻璃下,钻石饰品的旁边有一块小牌子标出它的价格。哇,它可真贵啊!这些钱可以买多少根棒棒糖，多少包饼干……这庞大的数字，要换算明白真不太容易！

钻石可以说是人类百年来营销最成功的物品。你可以问问奶奶，结婚的时候有钻戒吗？奶奶可能会笑眯眯地说："哪有啊，那会儿都是送金戒指！"为什么原本婚礼上盛行的金戒指，悄悄地变成了钻戒？这和钻石铺天盖地的广告有关，它潜移默化地影响了人们的观念。世界上的钻石主要由戴比尔斯公司控制，它花大价钱请广告公司来营销钻石，广告公司把钻石同爱情联系起来，新娘穿着婚纱戴着闪亮的钻戒，幸福地微笑……让人们把钻石同美好永恒的爱情关联起来，成功打造出钻石文化。

钻石逐渐变成了爱情的象征，它的象征意义已完全超过本身的价值。如果年轻人在结婚时，都想买一颗钻戒，那么戴比尔斯公司一定会赚得盆满钵满。钻石唯一的元素是碳，它是这个世界上最不缺的元素，煤、石油……它们的主要元素也是碳。

所以，你认为钻石这么贵，值吗？

为什么你知道，我却不知道？

信息不对称

一大早，钱多多说运动裤磨破了，让妈妈给他买条新的运动裤。钱妈妈来到服装商贸城，一边逛一边挑选合适的运动裤。

"老板，这条运动裤多少钱？"钱妈妈走进一家店，看到一条运动裤觉得挺适合钱多多的，便和老板砍起了价。

最终，钱妈妈花了120元买下了这条运动裤。

150元一条运动裤……最后120元成交！你不禁要问：钱妈妈如何知道这条运动裤值多少钱呢？太神奇啦！

其实钱妈妈也是在去不同的摊位,耐心询问价格之后,慢慢猜测这条运动裤的价格究竟多少合适。之所以这样询价,是因为我们生活在**信息不对称**的世界里!而钱妈妈去不同的摊位询价就是为了得到更多的信息而付出的**信息搜寻成本**。

> **小贴士**
> **信息不对称**:获得相关知识的差别。
> **信息搜寻成本**:为找到某件物品的市场最低价而支付的各种费用、时间和精力的总和。

在现实中,通常买东西和卖东西的人拥有的信息并不对称。

比如说:我们不知道这条运动裤是从哪进货的,进货价是多少,店主每个月的房租、电费要交多少,这条裤子的成本究竟是多少。同样,店家也不知道你有多喜欢这条裤子,心里愿意出多少钱买这条裤子。因此,在现实交易中,我们要花很多时间去了解信息,只有缩小彼此的信息差,才能做出正确的判断。

> **成语里的经济学**
> **知己知彼**
> **释义**:对对方的情况和自己的情况都有透彻的了解。

买东西的人和卖东西的人拥有的信息数量有差异,拥有信息数量多的一方更有可能为自己谋取更大的利益。卖东西的人会告诉你这件东西有多好,买到就是赚到!他们说的这些信息不一定真实,你要尽可能地掌握足够多的信息,才能避免吃亏上当。

你是不是也有过和钱贝贝类似的经历,比如说喜欢一支铅笔,你会拿在手里看半天,想马上买回家,一问价格……有点

> 钱多多和妹妹钱贝贝在庙会上看到一个风车,妹妹喜欢,便和哥哥商量想买哪个风车。

贵,妈妈不太愿意给你买。那么,你可以和店家商量,能不能便宜一点呢!或者,你还可以去别的店看看,也许就比这里便宜很多呢。我们在逛庙会、夜市地摊、小商品城……可以和老板来回讲价,直到我们认为价格合适以后再买。

成语里的经济学

讨价还价
释义: 买卖双方一方要价,一方还价。

购物时,如何减少你和卖家的信息不对称呢?

什么是博弈？

你和同学玩过石头、剪刀、布的游戏吗？如果你握紧拳头（代表石头），对方伸开手掌（代表布），那就是对方胜利；如果你握紧拳头，对方比出剪刀（代表剪刀）手势，那就是你胜利。这是一个简单的游戏，估计你在幼儿园都玩过。每次玩这个游戏的时候，你都在猜测对方接下来会出石头、剪刀还是布，由此来决定自己将要出的手势。因此，在你的大脑中，需要快速做出反应：对方会出什么？我该出什么？

1944年，美国数学家冯·诺依曼和摩根斯特恩在《博弈论与经济行为》一书中提出，解释经济行为的时候，需要考虑参与者的策略互动。他们希望通过简单的"**零和博弈**"（一赢一输）来找到人们在各种情境下做出行为选择的一般规则，这就是博弈论。比如石头、剪刀、布就是一赢一输的零和博弈，如果你赢了，那么对方就输了；如果你输了，对方就赢了。

在生活中，很多时候并不是"你死我活"的零和博弈，而是"**正和博弈**"，即双方的利益都有所增加。比如你语文学得好，我数学学得好，那么我帮你学数学，你帮我学语文，我们俩的成绩都会进步。再比如，小朋友到家里来玩，他很喜欢你的电动小汽车，你可以和他一起玩，或者让他先玩，你先玩别的玩具。等他回家了，你还可以玩。那么电动小汽车，就给你们两个人都带来了快乐。

同样的东西,为什么价格不一样?

价格歧视

我穿着更帅吧!

我穿着也不差呀,我妈说这裤子老贵了,100多呢,一分钱一分货!

100多?我妈说就几十块钱呀!

裤子是一样的呀!

新的一周开始了,钱多多兴高采烈地来到学校,结果发现刘小好穿的运动裤竟然和自己刚买的一模一样。

为什么同样的一条裤子,价格会不一样呢?这样的事情还特别常见,现在直播间里,主播都喊着自己的产品是最低价,但若是在不同的销售平台查询价格,同样的东西,售价也是多种多样。

成语里的经济学

五花八门

释义: 原指五行阵和八门阵,古代两种战术变化很多的阵势,后用来形容变化多端或花样繁多。

同样的东西,为什么我们买到的价格并不一样?

经济学家把这种现象叫作**价格歧视**。1920年,英国经济学家阿瑟·庇谷界定了三种不同程度的价格歧视。

一级价格歧视就是企业向每个人索要他所愿意支付的最高价格。

> **小贴士**
>
> **价格歧视**:以不同价格销售同一种产品。

一级价格歧视可以说是"看人定价",同样一条运动裤,钱妈妈买的比刘小好妈妈贵,也许钱妈妈很喜欢这条运动裤,她的支付意愿比较高,愿意花更多的钱买它。而刘小好妈妈心里愿意支付的最高价格就是80元,因此刘小好妈妈在讨价还价后,最终80元买了这条裤子。

> 钱多多和钱贝贝去卖饮料的小窗口买果汁,他们俩正在考虑买哪个,钱贝贝抬头看见海报宣传,上面写着:芒果汁第二杯半价!

二级价格歧视是根据不同的购买量来定不同的价格,比如超市里的酸奶买二送一,奶茶店里的第二杯半价……还有你在看视频的时候,突然跳出二维码让你开通会员,月卡、季卡、年卡……它们的费用平均到每一天各不相同。一般来说,买的数量越多、时间越长,价格越便宜,这些定价方式都是鼓励你多买。

> 钱多多一家在餐馆吃完饭,钱妈妈走到收款台付款。

三级价格歧视较为常见,它按照消费者不同的特征分为不同的类别。比如出门用软件打出租车,一般新用户会有很低的折扣价,这是为了吸引你使用这款打车软件。或者你去吃自助餐,你会发现男性和女性,老人和孩子所付出的价格并不一样。如果自助餐无论谁来吃都是108元一位,妈妈本来准备带你去吃自助餐,但心里会想:小孩能吃多少呀!还和大人付一样的钱,太不划算了!不去了。如果商家通过不同的定价策略,比如小孩吃自助餐只需半价,就可以吸引更多的人来这里吃饭。所有人在自助餐厅里吃的东西、用餐环境都是一样的,只是按照不同的人群给出不同的价格。

你还知道生活中哪些现象是价格歧视?

做精明的消费者

既然我们在买东西的时候常常会面临不同的价格,那么该如何买到既便宜又好的东西呢?

成语里的经济学

物美价廉
释义:商品质量好,价格便宜。

如果你想买某样东西，比如玩具车、手账本、魔方……它们并不是那么着急使用，你可以多去几家商店比较价格，同样的东西，哪家最便宜，然后再决定在哪儿买更合适。

你在买东西的时候，还要看它们是不是正规厂家出品，有生产日期、产品合格证、制造商这些信息吗？如果没有这些，就是我们通常所说的"三无产品"。超市做活动打折的时候，你要看看商品的生产日期、保质期等信息，尤其是在买食品的时候。因为有时候商家为了尽快卖完快过期的产品，会进行促销活动。你要看这么短的时间，能把这些东西吃完吗？它们和正价商品之间价格差得多吗？多问自己几个问题，你消费的时候就会更加理性。

胖叔叔的雪糕涨价了，他赚到钱了吗？

需求价格弹性

炎热的夏天，胖叔叔和瘦叔叔一起出来卖雪糕！一支雪糕3元钱，小朋友都喜欢来这里买。辛苦一天，晚上胖叔叔和瘦叔叔坐在路灯下算账，瘦叔叔说：咱们今天一共卖出去了200支雪糕，收入=3元/支×200支=600元。

第二天，胖叔叔热得汗流浃背，说："天太热了，雪糕涨1块钱吧！"可瘦叔叔有点担心："涨价没人买了怎么办？"胖叔叔说："咱们卖得比原来贵呀！一样能赚钱！"

> 钱多多兴冲冲地来买雪糕,结果发现同样的雪糕居然比前两天涨了1元钱。
>
> 钱多多一听涨价,果然不买了。太阳落山,一天又过去了,水泥地面的余热还没散尽,忙碌了一天的瘦叔叔和胖叔叔又在路灯下算账,胖叔叔期盼地问:"今天卖得贵,咱们赚到钱了吧?"瘦叔叔轻轻叹了口气说:"才卖了140支,比昨天少卖了60支!收入=4元/支×140支=560元,比昨天少了40元。"

奇怪,涨价没有让叔叔的收入增加,相反,他的销售收入还减少了。

这可难办了!涨价居然没有让收入变多呢!那是因为叔叔的雪糕涨了1元钱以后,买雪糕的人数明显变少,销售收入=每支雪糕的价格×卖出的数量。虽然雪糕价格上涨了,但买雪糕的人和原来相比少了很多,所以最后雪糕的销售收入还是减少了。

如此看来,要是商品降价了,买的人多了,是不是就可以多赚点钱呢?

路过的人们纷纷过来,挤在一起买馒头,王叔叔开心地把馒头装进袋子里递给大家,很快一屉馒头就卖光了。王叔叔坐在凳子上算着今天赚了多少钱,咦……真奇怪!收入并没有增加,只是这锅馒头比昨天卖得更快而已。看来降价也并不一定能赚到钱呢!

成语里的经济学

米珠薪桂

释义: 珠,珍珠;薪,柴;桂,桂木。米贵如珠,薪贵如桂,形容物价极高。

蒸馒头的王叔叔手里拿着刚出锅的馒头,大声吆喝:走过路过,不要错过……馒头便宜啦!原价5毛一个,今天只需4毛一个,快来抢购吧!

那么,到底该涨价还是降价呢?

这要看需求量对价格的敏感程度,经济学中用**需求价格弹性**来表达它。

如果是需求缺乏弹性的商品,降价并不能带来收入的增加,为什么呢?比如说馒头,你不会因为馒头便宜就多吃几个,可以说降价以后馒头的销量没有多大变化,所以说降价不能让蒸馒头的王叔叔收入增加。如果是需求富有弹性的商品,只要价格下降一丁点儿,就会使销量大幅增加,比如黄金首饰,价格微微降一点,就会有很多人前来购买。虽然价格降了点,但是买的人多,收入就会增加。

> **小贴士**
>
> **需求价格弹性:**一种物品需求量对其价格变动反应程度的衡量,用需求量变动的百分比除以价格变动的百分比来计算。

"薄利多销"是用低价吸引很多人来买,也可以赚到钱,它适合所有商品吗?

像经济学家一样思考

为什么粮食丰收，农民却不开心了呢

粮食喜获丰收，辛苦了一年的王伯伯坐在桌前计算收入，却吃惊地发现，收入并没有增加，反而减少了，连忙跑出去问周围的邻居，他们的情况也基本如此。这究竟是为什么呢？粮食丰收会让这一年的供给增加，而人们对粮食的需求并不会明显增加，比如你不会因为今天馒头便宜，就从一天吃2个馒头，改成一天吃5个馒头。

试想一下，假如去年小麦价格是一千克3元，张爷爷卖了500千克小麦，收入是3×500=1500元。今年小麦大获丰收，市场供给增加，小麦价格下降为一千克2.2元，张爷爷今年卖了600千克小麦，他的收入是2.2×600=1320元。虽然小麦的产量增加了，但是张爷爷的收入并没有增加，经济学称这种现象为"丰收悖论"。所以说，粮价需要政府制定保护政策，要不农民辛苦一年，精心种植的小麦增产，原本是件让人高兴的事，可是收入却没有增加，心灰意冷的农民第二年不种小麦了，那我们每天要吃的馒头、花卷、包子、面条用什么来做呢？

成语里的经济学

谷贱伤农
释义：粮价过低损害农民的利益。

雪糕涨价了，那吃炒酸奶吧！

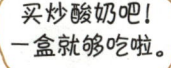

替代品和互补品

钱贝贝和哥哥说想吃雪糕，钱多多告诉妹妹雪糕涨价了，还是去吃炒酸奶吧！钱贝贝觉得这俩也没啥区别，就和哥哥一起去买炒酸奶了。

> **成语里的经济学**
> **取而代之**
> **释义**：夺取并代替别人或别的事物的位置。

对大多数人来说,很多东西可以相互替代,可以称它们为**替代品**。

> **📌 小贴士**
> **替代品**：一种物品价格上涨引起另一种物品需求增加,那么这两种物品互为替代品。

替代品之间会互相影响。

比如雪糕的价格上涨,钱多多和钱贝贝就去吃炒酸奶。因为有人认为雪糕和炒酸奶可以相互替代,那么雪糕涨价,炒酸奶的销量会增加。

上班路上,钱爸爸正在给车加油,却发现油价又涨了。

生活中有很多物品可以相互替代，还有一些物品，它们必须彼此配合，才能满足人们的需要，我们把它们叫<u>互补品</u>。

互补品也会彼此影响。

比如汽车和汽油就是互补品，人们要开车出门，就需要油箱里有汽油。如果汽油的价格变高，人们会考虑选择公共交通出门，减少开车次数。而准备买车的人，也会考虑买新能源汽车、乘坐公共交通等其他方式来满足出行需要，那么以汽油为动力的车就会销量下降。

再比如你想买几条金鱼回家，妈妈说鱼缸太贵了，那你还会买金鱼吗？买回家的金鱼放在哪里呢……当然生活中有很多互补物品的例子，比如眼镜框和镜片，乒乓球和乒乓球拍……

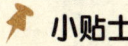

小贴士

互补品：一种物品价格上升引起另一种物品需求减少的，这两种物品为互补品。

成语里的经济学

相辅相成
释　义：辅，辅助，帮助。两种事物互相辅助，互相促成，缺一不可。

想一想　你还知道生活里有哪些替代品？哪些互补品呢？

像经济学家一样思考

真的非它不可吗?

你在商店里看见一个铅笔刀,太好看了!晚上都没睡好觉,第二天一早就要拉着妈妈去买。我想这样的东西,在你的生活里也许会以不同的面貌出现,你日思夜想想把它尽早买回家。可是它真的是非买不可吗?生活里没它就不行吗?

很多情况下,并非如此,因为很多东西都可以找到替代品,比如说,买铅笔刀是干吗用呢?削铅笔!那只有这支铅笔刀可以削铅笔,其他的就不可以吗?

当然不是啦!如果用自动铅笔写作业,那就不需要铅笔刀了。

所以,当你对某样东西觉得非要不可的时候,不妨问问自己:"我买它究竟为了什么呢?买其他的不可以吗?"

世界上有很多东西难以被替代,比如空气、水、亲情、友谊……这些才是生活里值得珍惜的宝贵事物。

视觉笔记：价格和价值

价值

500颗鸡蛋 = 一辆自行车

它们付出等量的劳动

贵的就好吗？

价格 ≠ 价值

价格并不完全等于价值

信息不对称

买方和卖方知道的信息不一样

同样的东西，价格不一样？

- 支付意愿不同
- 购买数量不同
- 消费者特征不同

需求价格弹性

- 富有弹性
- 缺乏弹性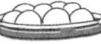

相关产品

- 替代品
- 互补品

买东西会让人快乐吗?

效用

居然有人喜欢吃榴莲,这味道简直了!

哇!榴莲!好久没吃了,太想吃了!

　　面对打开的榴莲,钱多多和钱贝贝有着截然不同的反应。

超市的货架上摆满了各种零食，饼干、巧克力、海苔、软糖……你是不是想把它们统统买回家？

当你提着一大包零食，走在回家的路上，想着它的美妙滋味，心里是不是已经乐开花啦？！

买东西会让人快乐吗？

同样的一颗榴莲，钱贝贝看见喜欢得不得了，钱多多捂着鼻子表示受不了……这是为什么呢？喜欢吃榴莲的人买榴莲会很快乐，而不喜欢吃榴莲的人别说买了，闻到它的味道，就连忙跑开了。

所以，我们的快乐不是来自"买"这一行为，而是来自我们享用这件东西的感受，这就是经济学中的"效用"。简单来说，效用就是你从消费商品中获得的满足程度。

> **小贴士**
> **效用**：是指商品对人的欲望满足程度。

同一个人对待同一样东西，在不同的情景下可能也有不一样的效用。

比如你坐在家里的沙发上看动画片，拿起手里的矿泉水随意地喝了一口，继续目不转睛地盯着电视里不断变换的画面，过一会儿，喝水这件事，可能你都不会有印象。试想一下，假如你去爬山，还有几百米就到山顶，这时你又累又热又渴，喘着粗气，找个石阶坐下休息，赶紧从包里取出一瓶矿泉水，拧开瓶盖，咕咚咕咚地喝了下去，竟然感觉有点甜，太爽了……同样是水，在家里和爬山时带给你的满足感一样吗？

不同的人对于同样的东西感受并不一样，而同一个人在不同的时间或地点，对于同样的东西感受也可能不一样。所以

烈日当头,钱多多背着包正在爬山,他抹着额头上的汗说:"真热,好渴啊!"

成语里的经济学
知水仁山
释义: 知,同"智"。比喻人的志趣或看法各有不同。

成语里的经济学
仁者见仁,智者见智
释义: 指不同的人对同一事物的理解往往有所不同。

说,效用是一种主观的感受,它来自每个人在享用过程中的体验,就像有人喜欢吃香蕉,有人喜欢吃苹果,每个人从中获得的感受是不一样的。

人们之所以会把某样东西买回家,是因为能从中获得满足感。那么,买很多东西来享用会让我们感觉更幸福吗?

这还真不一定!有的人只有很少的东西,也很幸福;有的人拥有很多东西,可是他并不开心。这是为什么呢?

经济学家萨缪尔森给出答案：**幸福=效用/欲望。**

比如说，同样一顿火锅，假如钱多多和钱贝贝对吃火锅的欲望值都一样，但是钱多多觉得再也没有比火锅更好吃的东西了，所以钱多多感觉幸福极啦！而火锅带给钱贝贝的效用远没有钱多多那么大，所以钱贝贝不能理解，只是一顿火锅而已，为什么钱多多流露出宇宙般大的幸福。

 有没有别人喜欢，但是你不喜欢的东西呢？

像经济学家一样思考

可以超前消费吗?

家里虽然有很多手账本了,可这本真好看啊,真想再买一本;那套咕卡的画面太有意思了,一定要买啊;上周买的奶茶真好喝,再去买一杯吧……要是可以把所有喜欢的东西都买回家就好了!

你是不是也会有这样的想法?每次看到喜欢的东西,就想着快点买回家,冲动之下,你会忘了我们这个月的钱已经不够买这些东西了!怎么办?你不妨做一个简单的记账本,记录一下每周或每月花的钱。比如说你会买纸笔等文具,还会买一些爱吃的小零食,也偶尔买一些小玩具,你可以把每一次的消费都记下来,这样你会大致知道每个月你需要多少零用钱。

如果你看见一只可爱的恐龙,喜欢得不得了,可是买它就会花光一个月的零用钱,那怎么办呢?也许你会和妈妈申请,能不能先用下个月的零用钱,这就算是"<u>超前消费</u>"。

如果你提前用完下个月的零用钱,那么下个月就什么都不能买了,这是你能接受的结果吗?

你可以把记账本拿出来,把偶尔买小玩具的那部分钱留下来,这样每个月积攒一点,过上几个月,你就可以去买那只喜欢的恐龙了。超前消费会预支未来,并且提前用了,下个月要还,我们在消费的时候,一定要考虑自己的收入能否承受,不要超前消费。你要提前做好规划,合理安排好零用钱。

成语里的经济学

力所能及

释义:
及:达到。自己的能力、实力所能达到的。

为什么第一颗糖比最后一颗好吃？

边际效用递减

"爸爸出差了，妈妈买菜去了，哥哥在写作业，现在客厅是我一个人的！太棒了，想看什么动画片都可以，牛奶糖也可以想吃多少吃多少！"

钱贝贝心里一边乐开了花，一边一颗接一颗地吃着糖……不知不觉，她面前堆起了许多糖纸，"咦？糖怎么不甜了？"

你喜欢吃糖吗？妈妈说糖吃多了会蛀牙，可是你还是觉得甜甜的味道，让人喜欢得停不下来。

钱贝贝开始吃第一颗糖的时候，觉得好吃极了，就一颗一颗地吃下去，吃到第六颗糖时，她觉得有点齁得慌，真奇怪！糖怎么越来越不好吃了？这是为什么呢？第六颗糖明明和第一颗糖一模一样啊！

当人们连续消费某一商品时，它带给人们的满足感会越来越少。

经济学中把这种现象叫作<u>边际效用递减规律</u>。钱贝贝吃第一颗糖的时候觉得太好吃了，效用记为10；接着她又迫不及待地吃第二颗糖，还是很好吃，效用记为8；然后她剥开第三颗糖，嗯嗯……味道不错，效用记为5……钱贝贝一颗一颗连续不断地吃糖，后一颗糖的边际效用会比前一颗糖要小，吃到最后一颗糖的时候，它的边际效用已经比第一颗糖小了许多许多……

边际效用一直在递减，那么<u>总效用</u>呢？你观察一下总效用数值的变化，会发现虽然边际效用一直递减，但是总效用是先增加后减少，那什么时候总效用最大呢？当吃到第五颗糖时，边际效用为0时，总效用最大。糖吃得越多，总效用就越大吗？不是！钱贝贝接着吃第六颗糖，她感到糖太齁了，这时的边际效用是负数，总效用是 10+8+5+3+0+（-2）=24，而钱贝贝吃5颗糖的总效用是

> **小贴士**
>
> **边际效用递减规律**：随着消费者对某种物品消费量的增加，他从该物品连续增加的每一消费单位中所得到的效用增量是递减的。
>
> **总效用**：消费者从一定数量的物品消费中所得到的效用量总和。

	边际效用	总效用
第一颗糖	10	10
第二颗糖	8	18
第三颗糖	5	23
第四颗糖	3	26
第五颗糖	0	26
第六颗糖	-2	24
共6颗		总效用24

成语里的经济学

过犹不及

释义：
过：过分。不及：不够。事情做得过了头，就跟做得不够是一样的，都不合适。指做事情应该恰如其分。

26，吃6颗糖的总效用是24，多吃了一颗糖，总效用却下降了。

这就是用经济学的理论来解释，钱贝贝为什么会觉得糖不好吃了。

那么，总效用什么时候最大呢？它和边际效用之间又是什么关系？仔细观察上面，你会发现，当边际效用为零的时候，总效用值最大。

不对不对……吃4颗糖时已经总效用26了，为什么说吃5颗糖的总效用最大，不是吃4颗呢？第四颗糖的边际效用是3，这颗糖还是能够给钱贝贝带来一些满足感，虽然此时满足感比较小，当她吃第五颗糖时，边际效用虽然是0，但吃糖的满足感达到顶点，这时候总效用最大。继续吃下去，边际效用变为负数，吃糖不仅不会有满足感，还会让她觉得不舒服了，总效用不增反减。所以日常我们做很多事情要懂得适可而止，才能获得更好的效果，就好像钱贝贝吃糖一样。

边际效用递减规律在生活中时常出现。这辆心心念念的小汽车终于买回家了，一连玩了好几天，已经玩厌了，想让妈妈再买个新的玩具。别着急！我有个办法告诉你：你可以把所有的玩具都放在一个纸箱里，每次只拿出一两件来玩，如果小汽车玩够了，你不用着急让妈妈买新的，可以去纸箱里找一件"新玩具"！咦……悠悠球！我拿着悠悠球玩吧。这样就不会花很多钱在买玩具上，让家里的玩具过多，你也可以有很多"新玩具"可以玩！

成语里的经济学

老生常谈
释义：
老生：年老的书生。原指老书生经常讲的话，后泛指平常的、没有新意的老话。

边际效用递减规律在生活中还体现在哪些地方呢？

为什么一玩游戏就停不下来

如果天天吃包子,你会一口也不想吃了;如果天天都玩积木,积木也变得不太好玩了……这些都可以说是边际效用在递减。可电子游戏却有点与众不同,它会让我们越玩越久,哪怕不吃饭不睡觉都可以!好像边际效用递减规律此时突然失灵了。

为什么玩电子游戏会让我们无法自拔,经常玩得停不下来,为了多玩一会儿,与老师和家长斗智斗勇?这其实是因为游戏会设计很多关卡来让你不停地闯关,让你多花时间在里面。如果你和同学玩丢沙包、跳绳、下棋这类游戏,一般不会入迷到饭不吃、觉也不睡的程度。但是电子游戏能让你紧盯屏幕,两耳不闻窗外事,你在游戏中能得到鼓励,比如金币、装备……这些惊险刺激的过程让你充满成就感,这样的游戏设置让你沉迷其中,想要不停地玩下去。冷静想想,如果电脑、手机没电了,那么所有的这些都停止了,你从里面学会了什么呢?你又得到了什么呢?长期盯着电子屏幕,视力下降了;低着头打游戏,脖子也出毛病了;总是在虚拟世界里待着,离现实世界越来越远……沉迷游戏让你耗费太多时间在里面。

人们总说生命宝贵,而生命是由时间组成的,游戏可以重来,可是你在游戏中花费的时间可以回来吗?不会的!

需要的，还是想要的？

刘小好穿了一双新篮球鞋，正和大伙儿炫耀。

成语里的经济学

沾沾自喜

释义：
沾沾：自得的样子。形容自以为很好而得意的样子。

为什么一双篮球鞋这么贵？难道是穿上它，投篮就可以百投百中？当然不会！那这双篮球鞋为什么卖这么贵呢？

美国经济学家凡勃伦注意到这样的现象，他在著作《有闲阶级论》里提到：有钱人不是因为需要而购买商品，而是为了显示财富和地位而购买。凡勃伦把这一现象描述为炫耀性消费，也就是说**消费它是为了引人注目**。

为什么人们愿意为这种商品支付高价呢？很多时候人们买它，并不是为了改善自己的生活质量，只是为了向其他人展示自己优越的身份和地位。有时人们用"**凡勃伦商品**"指代生活中的那些奢侈品，他们希望拥有奢侈品，只是为了向其他人炫耀财富。

商场的名表专柜前，一位叔叔想要把刚买没多久的表给退了。

真正的凡勃伦商品并不是说在质量上优于低价位的同类商品，事实上，从功能上来说，它们几乎一模一样。比如说手表，最重要的作用就是告诉我们现在几点，那么无论这块表是25元、250元、2500元，还是25000元……在准确报时这一点上没有任何区别，可为什么还是有人去买价格很贵的手表呢？多半是因为戴上这块表，可以向别人展示自己的财富和与众不同。如果凡勃伦商品的价格大幅下降，收入不高的人也能买得起，那么，高收入的富人就不会再购买它了。

你想想看，生活中你真正需要的东西是什么？水、空气、睡眠……这些似乎都不必花钱。你在花钱的时候可以问问自己：这是我需要的，还是我想要的？一个人想要的东西很多很多，它们总是在一个被满足后，下一个就又来了。生活里真正需要的东西并没有你以为的那么多，你在买东西的时候多花5秒钟问问自己：我为什么要买？我要用它做什么？如果你买某样东西，仅仅是为了引起他人的注意，那么花这个钱真的有必要吗？

生活中，有些在别人眼里并不起眼的东西，可能你用久了，觉得它很好用，看见它还会想起很多开心的事，就算它旧了，你也不舍得把它扔掉。

> **成语里的经济学**
>
> **敝帚自珍**
> **释义：**
> 敝帚：破旧的扫帚。家里的破旧扫帚自己也很珍惜。比喻自己的东西虽然不好，却非常珍爱。

什么是必需品，什么是非必需品？

像经济学家一样思考

为什么钻石比水贵？

水是生活必需品，人们的生活离不开水，但是没人愿意花很多钱买杯水，也很难用它交换其他的东西。亚当·斯密在1776年出版的《国富论》中提出**价值悖论**：没有什么能比水更有用，然而水却很少能交换到任何东西。相反，钻石几乎没有实用价值，却经常可以交换到大量的其他物品。

为什么生活中不可或缺的水如此便宜，而几乎没什么实际用途的钻石却这么贵呢？

经济学家们为了解释这样的现象也是伤透了脑筋，其中**边际效用递减规律**发挥了重要作用。水比钻石更容易得到，所以水和钻石相比，水的边际效用递减得很快，而消费者通常以最后一单位（如果你喝了10杯水，第10杯就是最后一单位）的边际效用来决定为这件商品所付出的价格。当水资源非常充裕时，水的边际效用很快就会变得很小很小，但钻石不会这样。因此，生活里离不开的水价格远低于可有可无的钻石。

感觉不买就吃亏啦!

消费者剩余

班级里正在举行一场拍卖会,大家把自己的闲置物品拿来拍卖,拍卖所得会捐给乡村小学生购买文具。钱多多站在讲台上说:"羽毛笔!起拍价1元!"话音刚落,就有人开始加价。

宽宽、来来、美美和刘小好，每个人对这支羽毛笔愿意付出的金钱都不一样，用经济学家的话来说，他们愿意为这支笔付出的最高价格叫作**支付意愿**。每个人都想以低于自己支付意愿的价格买到羽毛笔，如果高于这个价格，就会放弃购买。

> **小贴士**
> 支付意愿：买者愿意为某种物品支付的最高价。

4个竞拍者的支付意愿

想买羽毛笔的人	支付意愿
宽宽	5元
来来	8元
美美	3元
刘小好	10元

"起拍价1元"，钱多多站在讲台上宣布。很快价格从2元变成3元，3元变成5元，5元变成7元。

当刘小好报出8.5元时，叫价停止了，宽宽、来来和美美不再继续叫价，因为他们不愿意出高于8.5元的价格来买这支羽毛笔。

刘小好付款后，高兴地拿走羽毛笔。刘小好愿意出的价格在4个人中最高，那么他吃亏了吗？

并没有，而且刘小好还感到非常开心！因为刘小好对这支笔的支付意愿是10元，而他8.5元就买到了这支笔。因此，他不会有丝毫的难过，反而觉得省钱了。

> **小贴士**
> **消费者剩余**：购买者的支付意愿减去实际支付金额后的差额。

刘小好的支付意愿是10元，而他买这支笔实际支付了8.5元，10-8.5=1.5元，可以说，刘小好节省了1.5元。购买者愿意为这一物品支付的价格减去实际支付的价格，其差额就是**消费者剩余**。因此，在刘小好的心里，会有占便宜的感觉。

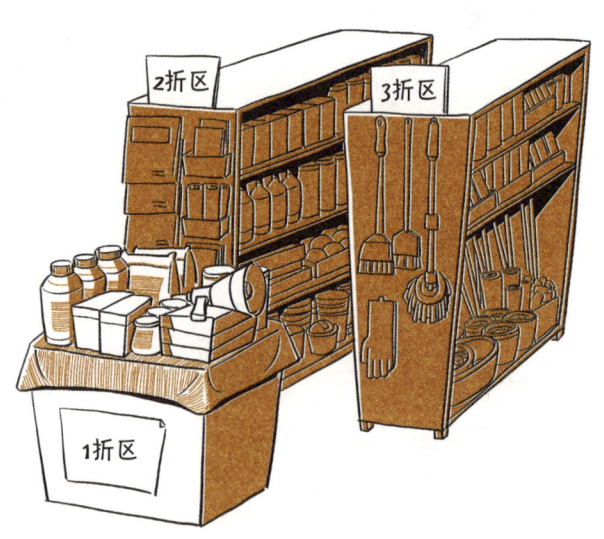

一进超市，喇叭里传来商品打折的消息，货架上到处摆着1折、2折的牌子……

当然,在生活中售卖者很难知道购买者对这件商品的支付意愿,因此售卖者总会想一些办法,让购买者得到消费者剩余。

超市里经常可以见到打折促销,6折、5折、3折……直播带货间里基本就没有不打折的商品,多数人看到都会心动。如果打1折,就是原来10元的东西,现在1元就可以买到,你是不是有种不买就吃亏的感觉?

> **成语里的经济学**
> 七折八扣
> 释义:比喻折扣很大,减掉了很多。

这种感受是如何形成的呢?

比如你去超市买薯片,番茄味的薯片通常都是8元一包,久而久之,在你的心里就形成番茄味薯片8元一包的认知。今天你逛超市的时候,发现番茄味薯片正好做促销,6.5元一包,你大概率会拿一袋(可能更多袋)扔进购物车里。6.5元买到这包薯片的快乐感,这就是你从买薯片中得到的消费者剩余。

为什么有时候会感到不买就吃亏了呢?

像经济学家一样思考

为什么大家会抢着买

超市打折促销时,人山人海,大家忙着抢购东西……

奶茶店门口排着很长的队……

学校门口的小卖店,围着一群买盲盒笔的同学……

这些场景是不是经常可见?为什么当别人在抢着买一样东西的时候,你会不由自主地想跟随,有时候会不知不觉买很多不需要的东西?

这可以说是消费中的"**羊群效应**"。羊群本来是很散乱的组织,盲目地左冲右撞,一旦头羊跑起来,其他羊会不假思索地跟上。经济学里经常用"羊群效应"来描述经济个体的从众跟风心理,这样的心理很容易导致盲从。

比如现在流行盲盒笔、萝卜刀、咕卡、盘串儿……很多人都会跟风购买,你是不是也会买?很多时候,可能跟风买的东西,你并不太需要,反而造成了浪费。建议不是当下必要的东西,可以先等一等,比如等3天后,你看看是不是还像当初那么想买。还可与家里已经拥有的同类物品比一比:好很多吗,实用很多吗?得到肯定结论后再购买。

在购买某件东西的时候,你甚至可以问问自己:其他人买了,我为什么就要买?我真的需要它吗?这样能让你学会评估这件东西对自己的重要性,从而慢慢学会理性消费。

为什么总买不到想要的那张神兽卡?

饥饿营销

刘小好拆了一堆神兽卡,发现了一张能量等级很高的卡,于是高举这张卡,激动地向大家展示,众人都羡慕不已。

钱多多没有拆到能量等级高的神兽卡，心里有些失落。为什么我们很难拆到想要的那张卡片呢？其实你想要的卡片是被人为控制的。比如说有100包卡片，可能只有10包卡片里有能量等级很高的卡，你为了买到那10包卡片的其中之一，就需要花费很多的钱去买。这么一张小小的卡片，成本可能就几分钱，以现在的生产能力，完全可以生产出很多，满足所有人的需要。可为什么商家偏偏只在一大包卡里面放几张能量等级高的卡？只有这样，就能人为制造出别人有，你没有，可是你也想有的稀缺感，这样会让你迫不及待地想要得到。可以说，**稀缺让价格变得更高！**而这张卡片之所以稀缺，是商家在背后控制的结果。

传说古代有个国王，每天吃的都是山珍海味、美味佳肴，可是他却变得越来越没胃口，吃什么都味同嚼蜡。他让王国里的所有厨师去帮他寻找美食，有一位厨师说他知道一种食物绝对是人间美味，但是它无法轻易得到，要付出艰辛的努力才可能得到。国王听后欢喜地和厨师离开宫殿，踏上寻宝之旅。他们跋山涉水，历经艰辛，就在国王觉得饥饿难耐时，厨师把事先藏在树洞中的馒头呈现给国王，国王咬了一口，大喜过望，称之为天下第一美味。

读到这里，你发现国王感受到世间美味只是因为"饿"。当人们处于饥饿状态时，最普通的饭食都是人间美味，而天天山珍海味，即使面对一桌美味佳肴也尝不出滋味来。前面我们提到过，效用是从消费商品或服务中获得的满足程度，它在不同的时间、不同的地点会有所不同。比如烈日当头，你感觉非常渴的时候，一瓶水带给你的效用，和你在家里吹着空调，喝

饥肠辘辘的国王咬了一口馒头,赞叹道:"真是人间第一美味!"

一口水的效用肯定不一样。效用是一种心理感受,它具有主观性。

如果在你的心里,某样东西是很稀有的,你看到其他人有但你没有的时候,你也很想拥有,那么你得到它的渴望就会变得愈加强烈,你就会愿意花费更高的代价得到它。

一些精明的商家发现生活中的这种现象,便利用人们的这种心理来进行产品销售,业内称之为"饥饿营销"。国王在又累又饿时吃了一口馒头,便认定它是人间第一美味。如果商家生产出很多神兽卡,

> **成语里的经济学**
>
> **多贱寡贵**
> **释义:** 贱,价格低;寡,少。物品多则价格低贱,物品少则价格高。

你想买哪张就有哪张,那你还会稀罕那张能量等级高的神兽卡吗?因此商家就把卡片分成不同的级别,"能量"等级高的卡片只有那么几张,你为了得到那么几张卡在同学面前炫耀,就不得不花很多的钱去买那些卡片。

哪些东西是真的稀缺,哪些东西是被制造出来的稀缺?

惨痛的教训:"郁金香泡沫"事件

我们为什么要购买这些商品呢?比如说,我们会买食物——能吃!买衣服——能穿!买冰箱——能保鲜……你买的很多东西都可以说出它的具体用途。那神兽卡能做什么呢?你可能会说,神兽卡很多人喜欢,我可以和别人交换,还能投资呢!

好吧!说到了投资,我想问:你见过郁金香吗?没错,就是一种美丽的花朵。在17世纪的荷兰,礼服上别上一支郁金香是最时髦的装饰。在舆论的鼓吹下，当时的人们对郁金香表现出病态的狂热，一些精明的商人开始囤积郁金香种球等待价格上涨，一株郁金香的价格被追捧到可以够普通人生活一辈子的地步。当时人们相信：郁金香价格一定会涨，买了就能赚钱。可是，它只是一株花，再怎么名贵，也只能供人观赏，并不是生活必需品。当大家追捧的热潮退去，郁金香的价格遭遇断崖式下跌，那些囤积郁金香并以此为生的人，一夜之间财富清零。这是人类历史上第一次有记载的金融泡沫。

如果你认为神兽卡有投资价值，读完上面的"郁金香泡沫"事件，你还这么想吗？

成语里的经济学

奇货可居

释义：
奇货：稀有的货物。居：储存。把稀有的货物储存起来，等待高价卖出去。常比喻持有某种独特的物品作为资本，借以牟利。

幸福可以买来吗?

快乐水车

"如果我有很多钱,可以想买什么就买什么,那会很幸福吧?"钱多多想。

一个人如果拥有的钱越来越多,是不是就越来越幸福?这个问题有点傻吧!钱多了,可以想买什么就买什么,怎么会不幸福?

那也就是说,幸福是可以买出来的!

好像不太对哦!

如果你每天穿很贵的衣服,吃很贵的美食,用很贵的文

> **成语里的经济学**
>
> **千金难买**
> 释义：即使用千金也买不到。形容非常珍贵或难得。

具，可是同学们不愿意和你玩，你还会很开心吗？

钱可以买到很多东西，人们确实可以从花钱中得到很多快乐，但这不是幸福、快乐的唯一源泉。有时候，幸福是要付出努力才可以得到。比如你在运动会跳高比赛中拿到一等奖，老师赞许的目光，同学们疯狂的赞扬，会让你开心地蹦起来；你学会做可口的饭菜，父母品尝后连连称赞，你内心的满足感会让你的嘴角不自主地上翘；你帮助同学解决问题后，他真诚地向你表示感谢，被肯定的感觉真爽……这些都不必花钱，但是你从中获得的幸福感可能更高。

更多的钱就意味着更多的幸福吗？ 这个问题因人而异。

美国心理学家布里克曼和坎贝尔提出了**"快乐水车"** 的概念，人们能很快适应现在的幸福水平，并且努力维持这一水平。当收入增加时，人们又会很快适应新的消费水平，并且认为这都是正常的，并不会感到比之前更幸福。比如说，你每天可以吃饱饭去上学，你不会感到吃饱饭是一件幸福的事，在你眼里这是再正常不过的事情。随着生活水平的提高，你不仅可以吃饱饭，还可以去购物中心享用全国各地的美食，第一次吃远道而来的食物，你开心极了，可是你会很快适应这些，并且不再会觉得吃到它是件幸福的事。

唐朝时，杨贵妃很爱吃荔枝，由于路途遥远，为了能让新鲜的荔枝运抵长安，需要很多人快马加鞭，连夜赶路才能把新鲜的荔枝送到杨贵妃的面前，那时在长安的普通人做梦也想不

> 📌 **小贴士**
>
> **快乐水车**：指收入增长，但快乐却不相应增长，即所谓的"有钱不快乐"现象。

到有一天自己可以享用到新鲜荔枝。而随着现代物流运输的发展，普通人即便生活在北方，也能很容易地吃到新鲜的荔枝，那么北方人吃荔枝会觉得幸福吗？可能一开始会，但是时间久了，他们逐渐习惯荔枝是生活中的常见水果之一了，就不会有特别的感觉了。

钱可以买到漂亮的衣服，好看的鞋子，好吃的东西，幸福的生活需要钱。努力学习考出好成绩，学会弹吉他，帮助同学解决难题……都会让我们有幸福感，所以说，**幸福的来源是多种多样的**。并不一定要用钱去买。

 和你周围的人讨论一下，钱和幸福是什么关系？

如何判断一个地区是贫穷，还是富裕？

一个人的富裕程度可以看他有多少收入，那么一个家庭、地区、国家的富裕程度要如何来衡量呢？

高楼林立，公共设施齐全，街上的人开着很炫酷的车子，穿很贵的衣服……是不是这样？

经济学中有它的衡量方式，而且得到了广泛的认可。19世纪德国统计学家恩格尔对比利时199户居民的预算进行了研究，发现：一个家庭的收入越少，食物支出占总支出的比例越大；随着收入增加，食物支出占总支出的比例越小。这一规律称为**恩格尔定律**，可以用恩格尔系数来计算：

恩格尔系数（%）=食品支出÷全部消费支出×100%

恩格尔定律也可以推而广之到一个国家或地区，这个国家或地区越贫穷，国民平均支出中食物支出占比越大；随着国家越来越富裕，这一比例逐渐变小。恩格尔系数是衡量一个家庭或一个国家富裕程度的主要指标之

> **成语里的经济学**
>
> **锦衣玉食**
> **释义：** 华美的衣服，珍贵的食物。形容优裕奢华的生活。

一。联合国根据恩格尔系数的大小,对世界各国的生活水平有一个划分标准,即恩格尔系数大于60%为贫穷,50%~60%为温饱,40%~50%为小康,30%~40%相对富裕,20%~30%为富裕,20%以下为极其富裕。

视觉笔记：理性消费

效用
- 获得的满足感
- 因人因时因地不同

边际效用递减

边际效用
第一颗糖　10
第二颗糖　8
第三颗糖　5

连续吃糖，每一颗的效用在下降

炫耀性商品

25元　250元　2500元

都可以准确地告诉你时间
贵是为了展示财富和地位

消费者剩余

2元一支！
开心！

消费者剩余 = 支付意愿 - 实际支付价格

饥饿营销

制造稀缺感

快乐水车

幸福的来源多种多样

个人收支记账表

序号	年	月	日	摘要	收入金额	支出金额	备注
1	2024	1	1	1月零用钱	200		
2	2024	1	5	文具		5	
3	2024	1	6	零食		10	
4	2024	1	8	吃饭		12	
5	2024	1	15	体育用品		18	
6	2024	1	19	礼品		35	
7							
8							
9							
10							
11							
12							
13							
14							
15							
16							
总计